천천히 · 묵상하며 · 기도하고 · 통곡하며 읽는

# 요한계시록 *Revelation*

# 헌정(獻呈)

주님을 사랑하기에
자신의 목숨도 기꺼이 내놓은
순교자들과
우리의 자랑이요 소망인
북한지하교회 성도에게
이 책을 바칩니다.

천 천히
묵 상하며
기 도하고
통 곡하며 읽는

요한계시록

*Revelation*

김덕규 지음

# 정직하고 맑은
# 마음의 표현

**손인식** 목사

전 베델한인교회 담임목사
〈그날까지 선교연합〉 대표

이 책을 집필하신 김덕규 장로님 스스로 자평하셨듯이 전문적 신학 훈련을 받지 않은 평신도 입장에서 요한계시록 연구 서적을 발간하게 되었다는 것은 그 사실만으로도 놀라운 일입니다. 더구나 그의 진솔한 마음이 표현된 '후기'는 아마도 두고두고 이 글을 쓰고 있는 제 가슴 속에 모든 글쓰는 이들이 귀 기울여야 할 겸손과 진실의 상징으로 새겨질 것입니다. 저자는 기록하기를, "이 책의 글 중에 글쓴이의 것이라고 할 수 있는 것이 얼마나 있을까… 글쓴이가 읽었던 글들을 통해서 섭취된 사상과 생각들이 글쓴이의 글로 다시 나온 것들은 없을까… 독서에 의한 간접 경험들이 자신에 의하여 내면화되었다고 해도 그 독창성은 글쓴이의 것이 될 수 없을 것이다."라고 말하고 있습니다.

이렇게 서술된 저자의 정직하고 맑은 마음의 표현은 이제껏 그 많은 저서들과 출간문들을 읽고 다루어 본 저의 개인적 경험만으로 아마 거의 유일무이한 저자의 겸손이며 진실이 아닐까 생각하지 않을 수 없었습니다. 그 많은 시간과 탐독, 그리고 연구와 묵상을 거듭한 끝에 이처럼 귀한 서적을 출간하시면서 그렇게 하나님과 사람 앞에서 진솔한 속마음을 저자로서 표현하실 수 있었던 김덕규 장로님에게 깊은 존경과 경의를 먼저 드리고 싶습니다. 그리고 오히려 그런 까닭에 이 책이 성령의 인도하심 가운데 쓰여지고 출판될 수 있었음을 읽는 이들로 하여금 느끼게 하며, 더욱 진지하게 한 장 한 장 넘기며 탐독할 수 있게 하는 책이라고 추천하게 됩니다.

이 저서 가운데 담긴 묵상, 전체의 주제와 구절구절들의 연결 포인트 그리고 이 신비한 예언서를 하나님의 마음으로 받아들이며 예배하는 저자의 마음 또한 강하고 깊은 인상으로 접하지 않을 수 없었습니다. 무엇보다 저의 가슴을 움직이는 것은, 요한계시록 복음이 오늘의 현대적 상황, 더욱이 남한교회와 북한지하교회에게 특별히 주어진 복음 중의 복음인 것을 강조하는 저자의 신앙적, 영적 접근이었습니다. 오늘의 한국교회와 북한지하교회가 무릎 꿇고 눈물과 통곡으로 올린 간절한 기도는 계시록 최후의 영광과 승리에 예언된 부분들처럼 향연과 함께 하늘 보좌로 올라감을 믿는다고 하신 저자의 맺음을 읽으며 저도 모르게 아멘! 아멘!을 외치지 않을 수 없었습니다.

어떤 가문에서 나왔는가를 그 인물의 측량으로 삼듯이, 어떤 시대에서 나왔는가를 한 위인의 척도로 삼을 수 있듯이, 이 책 『천·묵·기·통 요한계시록』의 저자 김덕규 장로님께서 이 책 속에 뿌려지고 꽃 피우는 그의 신앙적 성숙함은 이분이 어떤 교회와 어떤 목회자에게서 나타난 저자인가를 측량케 하지 않을 수 없습니다. 온천교회를 말하는 것이며 담임목회자 안용운 목사님을 가리키는 말이기도 합니다. 온천교회는 올곧은 신앙인들의 영성이 흐르는 교회이며 온천교회는 하나님과 나라와 민족과 복음과 십자가 앞에서 '의'를 사랑하고 '의'를 배반하지 않으며 '의'를 좇아 복음의 정도와 대로를 탄탄히 걸어온 그 교회 성도들이고 그 교회 목회자이십니다. 그런 의미에서 저자 김덕규 장로님의 깊은 요한계시록 통찰과 연구에는 면면이 흐르는 그의 영성과 그렇게 이끌어 준 담임목회자의 샘줄기를 좇아가지 않을 수 없었다는 심정이 이 저서를 읽고 있던 저의 마지막 고백이기도 합니다. 하나님께 영광을 돌리며 이 한 권의 요한계시록 묵상과 연구서가 같은 예언서를 다루었던 모든 출간물 위에 새삼 돋보여지기를 간절히 바랍니다.

# 주님을 사랑하고
# 주의 나라를 갈망하는

이빌립 목사

| 통일소망선교회 대표

수년 전 부산 온천교회에서 말씀을 전하고 내려와 2층 예배당 바깥문으로 나가고 있을 때 나에게 다가와 "수고가 많습니다."라며 내 손을 따뜻하게 잡아주시는 분이 계셨다. 그분이 바로 이 책의 저자 김덕규 장로님이시다. 저는 이 책을 읽으면서 장로님이 얼마나 주님을 사랑하고 주의 나라를 갈망하는 귀한 분인지 더 잘 알게 되었다.

장로님이 쓰신 책을 읽으면서 감동을 많이 받았다. 특별히 저자가 모든 것이 풍요한 가운데서 신앙생활하고 있는 한국교회 성도들의 신앙, 그리고 가난과 궁핍 속에서도 주님의 복음을 위해 고난당하고 있는 북한성도들의 신앙을, 계시록에 기록된 초대교회 성도들의 신앙에 견주어 잘 말씀해주신 점을 북한 출신 목회자 선교사의 입장에서 깊이 감사를 드린다.

북한지하성도들을 직간접적으로 매년 만나는 나의 입장에서는, 세계 기독교핍박국가 1위인 북한 땅에서 그들이 비밀히 예배를 드리는 일은 정말 주님을 사랑하는 마음이 아니면 할 수 없는 일임을 새삼 밝히고 싶다. 그러므로 부요함 가운데서 살아가고 있는 한국교회 성도들은 이 책을 읽은 후 북한지하성도들을 잊지 말고 늘 감사하며 핍박 가운데 신앙을 지키고 있는 그들을 위해 기도해주실 것을 간절히 바라는 마음이다.

저자는 책에서 주님 나라를 기다리는 성도의 가치가 얼마나 중요한지 말씀에 기초하여 해석학적으로나 문법적으로 잘 묘사를 하셨다. 신학자도 아닌 일반 성도로서 신학자 이상 수준의 내용을 보여주셔서 나로서는 매우 감명 깊다.

이 책은 다시 오실 주님의 영광을 바라보는 성도가 요한계시록 말씀을 많이 읽고 연구하여 쓴 귀한 책이다. 책을 읽으면서 마지막 날까지 영생을 주신 주님의 부르심 가운데 구원받은 자로 살고자 하는 저자의 신앙고백을 심장으로 느끼게 되었다. 책을 읽어가면서 이런 생각을 하였다. "주님 앞에서는 누구든지 직분을 떠나 다 거룩한 성도이다. 주님께서 약속하신대로 이 땅에 영광의 주로 오실 때 누구든지 목사, 장로, 집사의 자격으로 흰옷을 입고 주님 나라에 들어가는 것이 아니라 거룩한 성도의 자격으로 주님 나라에 들어가게 된다." 그러므로 이 저서의 내용처럼 성도는 주님 앞에서 성도로서 예배자의 삶을 잘 살아가야 한다. 모든 성도들이 늘 깨어서 매일 매일 오실 주님 영광을 바라보며 이 땅에 오직 주님의 발자취를 남기는 거룩한 성도가 되기를 힘써야 한다.

나는 저자의 소원이 우리 주님의 소원임을 분명히 믿어 의심치 않는다. 복음통일은 우리 주님의 소원이고, 북한지하성도들이 자유롭게 예배드리는 것도 우리 주님의 소원이다. 그러므로 이제는 복음통일을 위해 기도하고, 북한지하성도들과 북한에서 탈출한 북한동포들에게 복음을 전하는 사역은 특별한 부르심을 받은 어느 선교사나 선교단체 특정한 어느 교회의 사역이 되어서는 안 된다.

주님의 바라시는 역사는 북한 교회들을 자유케 하고 북한동포들을 구원하여 하나가 된 남북한교회가 열방으로 주님 오실 때를 위해 선교하는 교회, 제사장의 교회로 나아가는 것이다. 그러므로 국내뿐 아니라 해외에 있는 모든 한국인 교회들이 다 일어나 깨어 북한선교를 위해 기도하고 북한의 복음화에 적극 동참해야 할 것이다.

이 책은 주님 앞에 신실하게 서고자 하는 교회와 성도들을 깨우는 책이 될 것이다. 그런 면에서 우리 주님께서 이 책을 크게 기뻐하실 것이라고 생각한다. 이 책이 오직 주님께 영광을 돌리는 책이 되기를 간절히 소원하며 추천사를 마치려 한다.

# 난생처음 경험한
# 희귀한 감동

박남훈 목사

| 도서출판 세컨리폼 대표
| 주안교회 담임목사

편집자가 저자의 원고를 처음 읽고 있을 때였다. 전체 원고의 절반 정도를 읽어내려갔을 때부터, 어떤 감동이 쓰나미처럼 내 속으로 밀려들기 시작했다. 그건 저자의 이 글은, 통상적인 속도와 독법으로 읽어서는 안 된다는, 그런 기묘한 감동이었다. 교정을 보다가 난생처음 경험한 희귀한 감동이었다.

이 책은 지식이나 정보를 얻으려는 사람들이 읽을 책이 아니었다. 요한계시록 해석 방법론을 생각하는 사람들이 읽을 책도 아니었다. 요한계시록만 보면 논쟁의 영으로 충만해지는 사람들이 읽을 책은 더더욱 아니었다. 하나님 말씀 앞에서 자신과 시대의 삶을 심각하고 진지하게 고민하면서, 통곡하면서 기도하면서 써내려간 저자의 글을 그렇게 읽어서는 안 된다는 생각이, 뇌성처럼 나의 뇌리를 때리고 있었다.

그랬다. 이 책은 조국 교회와 북한지하교회의 현실을 생각하면서, 하나님 말씀 앞에서 눈물 흘리며 회개하고 애통하는 가슴과 머리를 가진 자들이, 저자와 함께 느린 속도로, 함께 공감하며, 함께 묵상하며, 함께 기도하며, 함께 통곡하며 읽어나가야 할 책이었다. 그런 가슴과 머리가 없는 자들에게는 아예 첫 페이지를 펼칠 자격조차 용납하지 않는 책이었다.

그런 감동의 습격을 받은 후, 얼마의 시간이 지났을까. 갑자기 내 머릿속에서 『천·묵·기·통 요한계시록』이라는 제목이 선명하게 떠오르고 있었다.

# 여는 글

중세 기독교 교부(敎父)들은 경건한 신앙생활의 한 방편으로서 Lectio Divina(거룩한 책읽기)를 하였다고 한다. 이 '거룩한 책읽기'는 4단계의 과정을 거쳐서 완성된다. 그 첫 단계가 성경읽기(lectio), 그다음 단계가 묵상하기(Meditatio), 그다음 기도하기(Oratio) 그리고 마지막 단계가 관상(Contemplatio)이다.

글쓴이는 지난 수년 동안 요한계시록을 읽어 왔다. '거룩한 책읽기'를 제대로 해본 적이 없었기에 글쓴이에게 익숙했던 성경독학(self Bible study)을 했다. 성경독학의 교재로 요한계시록을 택한 이유는 특별하지 않았다. 섬기는 교회에서 몇 주간에 걸쳐 요한계시록의 말씀을 배웠는데 배워갈수록 새로운 의문이 자꾸 생겼다. 그래서 그 의문들에 대한 답을 찾고자 본격적인 공부를 시작하였던 것이다.

성경 공부를 지속적으로 해오던 중에 좀 더 근본적인 질문을 품게되었다. 그것은 오늘날 이 땅에 살고 있는 우리들에게 요한계시록의 말씀들이 어떤 의미를 부여하고 있는가 하는 것이었다.

그 물음을 좀 더 구체적으로 표현하면 계시자이신 주님께서 오늘날 물질적인 풍요를 누리는 남한 교회에게 요한계시록을 통하여 주시고자 하는 메시지는 무엇인가 하는 것이었다. 또한 말할 수 없는 핍박과 궁핍 속에 있는 북한지하교회 성도에게 주시는 요한계시록의 복음은 과연 무엇일까 하는 것이었다.

이런 실제적인 물음을 품고서 요한계시록을 읽고, 공부하고 묵상을 계속한 결과 이제는 의문과 질문에 대하여 어느 정도 이해와 답을 가지게 되었다. 그리고 그것들을 나누고 싶어졌다.

나누려는 이유는 우선 글쓴이가 가지게 된 결과물, 즉 계시에 대한 깨달음들이 진정 공감되고 공유될 수 있는 것인가를 확인하고 검증하고 싶었기 때문이다. 또한 이 깨달음들이 의미가 있는 것들이라면 남한 교회와 북한지하교회에 자그마한 도움이 되지 않을까 하는 생각 때문이다.

성경 공부의 최종 목표는 말씀을 적용하는 삶을 사는 것이다. 그러므로 이제 글쓴이에게 남은 과제는 그 깨달음들에서 추출된 기도제목을 가지고 기도하고 마침내 확인된 순전한 하나님의 뜻을 자신의 삶에 적용하는 것이다.

교부들이 '거룩한 책읽기'를 수행하므로 도달하려고 애썼던 그 관상(觀想) 단계가 말씀의 실제를 전인적으로 체험하는 것이 아닐까 하는 생각이 문득 든다. 관상에 대한 이러한 이해가 제대로 된 것인가와 별개로 글쓴이는 깨달은 말씀을 삶에 적용함으로써 그 실제를 온몸으로 경험하고 싶다.

## 목차

### 추천사

### 편집자의 말

### 여는 글

# 2부
## 천상(天上)에서

> 기도한다
> 이기기 위하여
> 그리고
> 이겼기에

· · · **1**부
지상(地上)에서

# 책[1]에 관한 인상(印象)

> 이 일 후에 내가 들으니 하늘에 허다한 무리의 큰 음성 같은 것이 있어 이르되 할렐루야 구원과 영광과 능력이 우리 하나님께 있도다 (계19:1)

누군가 『요한계시록』을 읽고 난 느낌이 어떠한가를 묻는다면 글쓴이는 첫인상이요? 아니면 지금 가지고 있는 것이요? 하고 되물을 것이다. 처음 읽고 났을 때 분명 심상(心象)에 강하게 새겨졌던 것이 있었다. 그 것을 이야기하려면 먼저 유년기 기억을 말하지 않을 수가 없다. 그것은 이발소에 걸려 있던 기이한(?) 그림에 대한 기억이다.

지금 그 기억을 더듬어 예의 그 그림을 확인해 보니 그것은 미켈란젤로의 〈인간의 타락〉이었던 것 같다. 그러한 그림이 이발소 벽에 붙어 있었던 것은 이발소 주인의 고상한 취미에 기인된 것이라기보다는 명작의 모사품, 아마도 달력에서 오려내서 벽에 붙이는 것이 당시 이발소 장식의 유행이던 탓이었으리라.

---

1) 성경을 책이라고 지칭한다면 그것은 분명 성경의 권위와 가치를 스스로 낮추는 것이며 불경한 태도임에 틀림없을 것이다. 글쓴이는 성경의 각 권을 지칭할 때 그 이름을 거명하는 것을 원칙으로 하였다. 그러나 어떤 표현에 있어서 그 이름을 사용하는 것이 어색하고 부자연스럽게 여겨질 경우 불가피하게 〈책〉이란 단어를 선택하였다.

아직 한참 어린아이의 눈에 비친 나무줄기를 칭칭 감고 있는 뱀인지 사람인지 구분이 안 되는 동물이며, 나체로 그려진 사람들의 모습, 그 괴기함이 자극적이기보다는 인상적이었기에 지금도 그 기이한 그림이 글쓴이의 기억의 시발점에 있는 것들 중 하나로 기억되고 있는 것이다.

왜 이런 유년기 초기의 기억을 들추어 내놓는가 하면 『요한계시록』을 처음 읽었을 때 받았던 느낌이 바로 그 그림이 주었던 느낌과 매우 유사하였기 때문이다. 이러한 감정의 유사성은 『요한계시록』 전체가 주는 인상에 의한 것이라기보다는 12장 이후에 등장하는 붉은 용과 짐승에 관한 내용이 주는 느낌들로부터 왔다고 표현하는 것이 더 정확할 것이다.

자, 그러면 그때로부터 무려 55년이 더 지난 지금, 『요한계시록』을 붙들고 한참 씨름한 후 가지게 된 느낌은 어떠한가? 지금 글쓴이에게 『요한계시록』은 하늘나라에서 부르는 웅장한 합창 교향곡으로 들려온다.

『요한계시록』은 내용면에서도 특이하지만 형식에 있어서도 매우 독특한 책이다. 편지 형식으로 서술된 책 중간중간에 운문이 삽입되어 있다. 운문이라기보다는 노랫말이다. 천상의 존재들이 부르는 노래의 노랫말이 적혀 있다.

그 노랫말은 거룩하신 주 하나님을 찬양하는 내용으로 되어있다. 피조물들이 하나님께 드리는 찬송이 말씀 선포 중간에 들어가 있음을 발견할 수 있다. 이는 마치 예배 순서 중 찬양이 들어가 있는 것과 같다. 아니 우리가 드리는 예배가 그러하다.

이처럼 우리들의 예배가 천상의 존재들이 드리는 경배의 거울 상(像)이라는 것을 알게 되면 성도와 함께 부르는 대중 찬양을 더욱 힘차게, 더욱 뜨겁게 부르지 않을 수 없다. 더구나 이 경이로운 예배를 우리들만 드리는 것이 아니라 지구상에 있는 모든 주님의 교회들이 한마음이 되어 함께 주 하나님께 드리고 있다는 생각에까지 미치게 되면 가슴이 벅차 더 이상 찬양을 이어가지 못할 것이다.

땅에서 성도는 4성부로 멋진 화음이 만들어 내는 선율을 하늘에 올려 드린다. '네 생물'과 '이십사 장로'와 '수많은 천군 천사들'과 '머리에 인을 맞은 십사만사천의 성도들'과 '헤아릴 수 없이 많은 흰옷을 입은 무리들'로 구성된 천국 찬양대가 부르는 찬송은 어떨까? 천상의 음계는 지상과 같을까, 우리처럼 4성부로 구성될까, 어쩌면 8부나 16부일지도 모른다.

지상과 천상의 찬양이 만물을 지으신 창조주 하나님께 드려지는 것은 너무나 당연한 것이다. 땅과 하늘의 찬양이 우주의 거대한 공간에서 만나 엄청난 공명을 일으키며 하늘 성전 보좌로 올라가게 되리라. 지금 우리들이 부르는 찬송이 정녕 그러하리라, 아멘!

미국 영화 〈콘택트(Contact)〉를 인상 깊게 본 적이 있다. 영화 마지막 부분에 다음과 같은 주인공의 대사가 있다. "우주는 매우 큰 것 같아요. 우주는 이전에 사람들이 꿈꾸었던 그 어떤 꿈보다도 더 큰 것 같아요. 우주가 단지 우리들을 위해 존재하는 것이라면, 이 우주는 정말 쓸모없는 공간처럼 보여요." [2]

---

2) Robert Zemeckis가 감독한 영화 〈Contact〉의 대본 중 아래의 대사를 글쓴이가 번역하였다. "The universe is a pretty big place. It's bigger than anything, anyone has ever dreamed of before. So if it's just us, it seems like an awful waste of space"

과연 우주에 쓸모없는 공간이 많을까. 글쓴이는 감히 말한다. 아니다. 하나님 아버지의 그 큰 사랑을 울려 퍼지게 하기에는 그 광활한 우주 공간조차도 오히려 협소하다고.

# 주의 종, 요한

> 예수 그리스도의 계시라 이는 하나님이 그에게 주사 반드시 속히 일어날
> 일들을 그 종들에게 보이시려고 그의 천사를 그 종 요한에게 보내어 알게
> 하신 것이라 (계1:1)

밧모 섬(Patmos Island)은 터키 반도 서쪽에 있는 작은 섬들 중의 하나
이다. 에게 해(Aegean Sea)를 바라보며 있는 작은 돌섬. 햇살이 비치면
따갑게 느껴지고 그늘에 들어서면 서늘하고 건조하기에 기분 좋게 느
껴지는 그 지중해성 기후, 올리브와 포도, 푸른 바다, 붉은 기와지붕에
흰 벽······.

한 번도 직접 가본 적은 없지만 지금은 이러한 이국의 풍광이 파노
라마처럼 펼쳐지고 있는 곳이리라. 그러나 지금부터 약 이천 년 전에는
분명 지금과는 완전히 다른 분위기였을 것이다. 그 당시에는 로마제국
의 유형지였다. 그리스도인들에게 중노동의 노역을 가하여 말할 수 없
는 고통과 고초를 안겨 준 핍박의 장소였다.

당시 세상의 최고 권력은 하나님의 말씀과 예수님을 증언했다는 이유로 구순이 다 된 노인을 그 섬으로 쫓아낸 것이다. 세상 권력이 하늘의 권세를 이겼단 말인가. 아니 현상은 그렇게 보일지는 모른다. '땅의 임금들의 머리'(계1:5)가 되신 주님이 도대체 어떤 계획이 계셔서 그것을 허락하셨을까.

사도(使徒)에게는 정말 은퇴도 없는 모양이다. 오늘날로 치면 은퇴하고도 남은 나이에도 불구하고 끝까지 자신의 사역을 감당했던 사도 요한에 대한 존경심이 저절로 생긴다. 주님과 긴 여정을 같이 하였던 그에게 특별한 관심이 생기지 않을 수 없다.

사도 요한, 그는 누구인가.

그는 주님의 열두 제자 중에서 특별한 위치에 있었던 것으로 보인다. 그의 직책이 높았다는 것이 아니라 그에게 남다른 직무가 주어졌다고 생각된다. 그것은 주님의 말씀을 받아 적는 일이었고 주님의 계시를 받아서 주님의 종들에게 알려 주는 임무였다. 그 결과물이 바로 요한복음이요 요한계시록이지 않는가.

사도 요한이 그런 중차대한 임무를 맡게 된 배경에는 아마도 그의 심성이 매우 착했다는 것이 큰 몫을 차지했을 것이다. 제자들 중에서 주님의 사랑을 제일 많이 받았던 것, 다른 제자들이 주를 버리고 도망갔음에도 못 박히는 현장까지 따라갔던 것, 그곳에서 주님의 모친을 자신의 모친으로 섬기라는 주님의 명령을 받은 것, 이 모든 사실들이 그가 평생에 착한 성품을 가지고 있었다는 사실을 반증하는 것이 아닐까. 또한 그가 제자들 중에서 가장 뛰어난 영성(靈性)을 가지고 있었기 때문일 것이다. 그가 기록한 요한복음을 읽어 보면 특이한 경험을 하게 되는데 그것은 마치 주님의 육성 설교를 듣고 있는 듯한 착각을 불러일으키게 되는 것이다. 왜 이런 착각이 드는 것일까. 이는 예수님의 긴 설교가 하나도 남김없이 기록되어 있다고 느껴지기 때문이다. 그의 특별한 집중력과 기억력으로 말미암아 예수님의 긴 강론이 녹취되듯이 남게 된 까닭이리라.

주님의 귀한 말씀을 하나도 잊어버리지 않기 위해 그가 했던 그 노력을 한번 추정해 보자. 아마도 그는 주님이 새로운 말씀을 주실 때마다 먼저 하셨던 말씀들을 모두 암기해 낸 다음 새로 주신 말씀을 복창하며 암기하지 않았을까. 제자들이 다 잠들면 그제야 가슴 속에 품고 있던 두루마리를 펴내어 자신이 은혜받은, 한 마디도 잊어서는 안 되는 주님의 말씀을 한 글자씩 적어 내려가지 않았을까.

그 일이 어디 한 번에 끝날 일이던가. 매일 밤마다 계속된 일이었다. 그러나 아무리 사도 요한이 주님에 대한 사랑이 뜨겁다고 해도, 주님의 그 많은 말씀들을 하나하나 기억할 순 없는 법, 그의 집중력, 기억력, 이해력 역시 한계가 있을 수밖에 없었을 것이다.

생각나지 않을 때 그는 어떻게 했을까. 곤하게 주무시는 주님을 깨워서 주님, 아까 하신 말씀이 무엇이었죠? 하고 물을 수는 없는 일이었다. 아무리 머리를 짜내어도 기억해 낼 수 없을 때 갑자기 가슴 속에서 터져 나오는 어떤 뜨거움. 그 주체하기 어려움.

그 뜨거움은 주님이 하셨던 말씀을 고스란히 토씨 하나 틀림없이 그대로 기억나게 해 주었을 것이다. 주체할 수 없는 그 뜨거움은 그의 생각과 느낌 안에 있던, 원래 자신 속에 가지고 있던 것은 아니었지만 자신과 일체감을 이루어 부자유스러움과 강압감이 전혀 없는 신비한 힘이 아니었을까.

그 힘의 도움으로 그는 자신이 하고자 하는 일을 자신의 능력 이상으로 그리고 자신이 기대했던 것 이상으로 잘할 수 있었을 것이다. 그는 주의 말씀을 고이 간직하려는 자가 받을 수 있는 은혜 중의 은혜를 하늘로부터 받은 것이다. 그의 영성의 비밀은 성령의 뜨거운 감동, 바로 그것이었던 것이다!

여기서 글쓴이는 의문 하나를 제기하지 않을 수 없다.

구순이 다 된, 노쇠한 사도를 왜 하필 척박한 유형지인 밧모 섬에 보내어 사명을 완수하게 하셨을까. 교회가 마련해 준 안온한 집이 에베소에 이미 있었음에도 불구하고.

# 두 가지 질문

> 예수 그리스도의 계시라 이는 하나님이 그에게 주사 반드시 속히 일어날
> 일들을 그 종들에게 보이시려고 그의 천사를 그 종 요한에게 보내어 알게
> 하신 것이라 (계1:1)

글쓴이는 『요한계시록』을 공부하면서 많은 시행착오를 겪었다. 글쓴
이가 시행착오를 거치면서 체득한 것은 성경을 읽는 동안에 요한계시
록의 핵심과 맥을 놓치지 않는 것이 무엇보다도 중요하다는 것이었다.

핵심과 맥이란 성경이 말하려고 하는 주제와 메시지라고 표현할 수
있을 것이다. 요한계시록은 다른 성경과는 달리 묵시문학적 기법으로
기술되어 있어서 상징과 비유 속에 숨겨져 있는 주제를 제대로 파악하
기가 쉽지 않았다. 비유에 매몰되거나 상징이 지목하는 바가 무엇인가
를 쫓아가다 보면 핵심과 맥을 놓치는 것을 피할 수 없었다.

그래서 핵심과 맥을 놓치지 않는 방법을 나름대로 고안해 내었는데
그것은 핵심적인 질문을 마음속에 견지하면서 성경을 읽는 것이었다.
성경을 읽다가 잘 이해되지 않은 부분을 마주치게 되면 그때 예의 그
질문을 스스로에게 던져 사유를 일정한 부분에 초점을 맞추어 하는 것
이었다.

핵심 질문은 두 가지였다. 그 질문들을 글쓴이가 가지게 된 과정 역시 매우 중요하다고 생각되기에 이를 소상하게 설명하고자 한다.

요한계시록은 성경의 다른 책과는 다른 두드러진 특징들이 있다. 그중 하나는 요한계시록이 쓰이게 된 이유가 서두에 확연히 드러나 있다는 것이다. 덕분에 이 성경을 통하여 저자가 말하려고 하는 의도를 정확하게 알 수 있게 되었다.

'예수 그리스도의 계시'라는 짧은 요절 말씀을 통하여 이 책의 저자가 누구이며 요한계시록이 어떤 성격의 책이라는 것을 알 수 있었다.

그다음에 이어지는 말씀 "이는 하나님이 그에게 주사 반드시 속히 일어날 일들을 그 종들에게 보이시려고"에서 주께서 계시하시려는 이유도 무엇인지를 알게 되었다. 그것은 속히 일어날 일들을 그 종들에게 보이시려는 것이었다. 그러므로 '예수 그리스도의 계시'의 내용이 속히 일어날 일들에 관한 것으로 짐작할 수 있게 되었다.

글쓴이는 계시의 핵심적인 내용이 '반드시 속히 일어날 일들(what must soon take place)'이며 그것들이 무엇인지를 밝히 드러내려고 계시가 주어진 것이라고 추정하게 되었다. 이러한 가정의 근거는 첫째, 요한계시록의 서두에 쓰인 이 말씀이 말미에 쓰인 결론의 말씀(계22:20)과 서로 연관이 되어 있다는 것이다(이에 관한 설명은 2부 '내가 진실로 속히 오리라'에서 다루었다). 둘째, 이 말씀 속에 사용된 두 가지 단어인 '반드시 ~하다(must)'와 '속히(soon)'의 쓰임이 여간 예사롭지 않다는 것이다.

하나님의 경륜(經綸)은 그때가 되면 반드시 성취된다. 하나님께서 계획하신 그 모든 일들은 하나님의 때가 되면 이루어지기 마련이다. 하나님의 사전(辭典)에는 '반드시 ~하다(must)'라는 단어가 없을 것이다. 하나님께서 의도하신 모든 일들은 반드시 성취되어지기 때문에 이 단어는 무의미한 것이다. 그러나 사람에게는 '반드시 ~하다'가 중요하다. 사람이 원하는 일은 이루어지기도 하지만 그렇게 되지 않기도 하기 때문이다.

따라서 이 '반드시 (속히) 일어날'은 하나님을 위한 말이 아니고 '그 종들' 즉, 하나님의 종들을 위한 말이다. 이는 하나님의 의지가 투영된 말이다. 하나님의 의중에 있는 일은 그 의중에 따라 이루어지는 것처럼 그대로 이루어진다는 것을 우리들에게 알려 주시는, 강조의 표현인 것이다.

'속히(soon)'는 시간을 나타내는 부사이다. 일반적으로 부사는 중심단어(keyword)로 잘 사용되지 않는다. 그러나 이 책에서는 예외라고 생각되었다. 우선 이 단어가 「요한계시록」에서는 이곳 외에 일곱 번 (2:16, 3:11, 11:14, 22:6, 22:7, 22:12, 22:20) 더 사용되었다. 빈도를 볼 때도 그렇고 『요한계시록』의 결론 부분이라고 할 수 있는 22장에서 집중적으로 사용된 것을 보아서도 이 단어의 무게가 결코 가볍지 않음을 알 수 있었다.

글쓴이의 이러한 가정이 옳은 것이라면 '반드시 속히 일어날 일들'이 무엇인가? 하는 질문이 생기는 것은 어쩌면 당연한 것이다. 요한계시록을 읽으면서 '반드시 속히 일어날 일들'이 무엇을 계시하는가? 하는 질문을 집요하게 그리고 지속적으로 제기하지 않으면 이 책은 독자들을 미궁으로 인도하게 될 것이다. 사도 요한이 의도적으로 그러한 함정을 파 두지는 않았겠지만, 독자는 스스로 판 함정에 빠져 헤어나지 못할 것이다. 바로 글쓴이가 그 함정에 빠진 장본인이었다. 스스로 판 함정에서 헤맨다는 것은 계시를 잘못 해석하고 또 그 근거로 다음 계시를 잘못 해석하는, 잘못 해석의 악순환을 말한다.

또한 글쓴이는 요절 말씀을 통하여 계시가 어떻게 전달되었는지 그 과정, 달리 표현하면 계시의 흐름을 잘 알 수 있게 되었다. 우선 계시의 유출자는 하나님이시고 예수 그리스도이심을 알 수 있었다. 그 계시는 천사를 통해 주님의 종인 사도 요한에게 전해졌고, 사도 요한은 예수 그리스도의 '종들'에게 계시를 보여 주기 위하여 먼저 계시를 받았던 것임을 알 수 있었다.

이러한 계시의 흐름을 도표로 만들어 보면 다음과 같다.

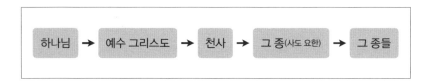

이를 단순화 해보았다.

사도 요한을 '그 종'으로 기술한 것을 보면 넓은 의미로는 '그 종들'이 속하는 수신자들의 범주에 포함시킬 수 있을 것이다. 그러나 이런 해석보다는 좁은 의미로 천사가 했던 것처럼 사도 요한도 계시의 전달자 (messenger) 역할을 수행하였으므로 전달자에 포함시키는 것이 더 좋을 것 같다는 생각이 들었다.

수신자들의 범주에 속하는 '그 종들'은 누구인가? 문자적으로 보면 하나님의 종들로 해석될 수 있으며 문맥으로 보면 주님의 종들로 해석될 수 있을 것이다. 요한계시록은 편지 형식으로 기술되어 있기에 장문의 편지 혹은 한 권의 편지라고도 칭할 수 있을 것이다. 글쓴이는 이 편지의 수신자가 소아시아 일곱 교회의 사자들로 지정되어 있는 것을 근거로 '그 종들'은 우선 일곱 교회의 사자들을 지칭한다고 이해하였다.

그러나 요한계시록을 자세히 살펴보면 교회에 대한 계시가 꼭 교회의 사자에게만 국한된 것이 아님을 이해할 수 있었다. 또한 계시록의 다른 곳에는 교회로 보내라고 기록되어 있기에 교회 역시 '그 종들'이며 수신자 범주에 들어갈 수 있을 것으로 확대해석하였다. 이러한 해석을 근거로 글쓴이는 교회의 사자를 계시의 일차 수신자로, 교회를 이차 수신자로 구분해 보았다.

글쓴이는 이렇게 수신자를 세분(細分)하는 것이 의미가 있다고 생각하게 되었는데 그 근거는 주님께서 교회의 지도자를 주님의 오른손 안에 붙들려 있는 '별'로, 교회를 운행하는 '금 촛대'로 구분하신 것이었다. 교회의 지도자를 자신의 오른손 안에 두신 것은 교회에 지도자를 세우셔서 그 지도자를 통하여 자신의 몸 된 교회를 인도하신다는 의미로 해석하였다. 교회의 지도자에게 권위를 위임했다고 이해하였던 것이다.

이러한 추정이 옳다면 주님의 계시가 교회의 지도자에게 먼저 주어졌고 이어서 그 교회의 지도자를 통하여 교회에 전달되었다고 보는 것이 자연스럽다고 생각하게 되었다.

계시의 흐름에 순서가 있다는 깨달음은 또 다른 생각을 하게 하였다. 그것은 계시받은 자의 책임에 관한 것이었다. 교회의 사자가 일차 수신자라고 하는 것은 그가 계시에 대한 일차적인 책임이 있다는 의미가 있을 것이다. 즉 교회의 사자는 자신이 받은 계시의 말씀을 자신이 섬기는 믿음의 공동체에 속한 모든 성도에게 그 말씀을 전파하며 그 내용을 숙지시키고 지키도록 가르칠 책임이 있다는 것을 의미한다. 일차 수신자의 책임 범위는 자신을 포함하여 자신이 세움을 받은 교회의 모든 성도다.

만약 교회가 일차 수신자라고 한다면 책임의 범위가 달라진다. 말씀을 받는 교회가, 믿음의 공동체가 책임 있는 주체가 되므로 성도 각 사람이 그 받은 말씀을 자신이 지켜야 하고 자신이 책임져야 할 사람은 바로 자신에게 한정되는 것이다.

하나님으로부터 받은 사명을 잘 감당한 사람은 그에 합당한 권위를 가지게 된다. 책임감 있게 의무를 다한 계시의 수신자는 자연히 말씀이 주는 권위를 가지게 된다. 만약 일차 수신자가 교회의 지도자가 아니라 교회라고 가정하면 교회 전체가 권위를 가지게 되므로 교회 지도자는 교회의 한 구성원으로서의 일정한 권위만을 나누어 가지게 될 것이다.

계시의 수신자의 구분이 가져다준 또 다른 생각은 말씀 적용의 주체를 명확하게 해준다는 것이었다. 일곱 교회가 혹은 일곱 교회의 성도 각각이 그 계시의 말씀에 따라 살아야 함은 물론이지만 그에 앞서 일곱 교회의 사자가 먼저 적용해야 한다는 것이었다.

계시란 결국 계시된 말씀의 적용을 최종 목표로 삼고 있기에 적용의 주체가 누구인가는 매우 중요한 문제이다. 만약 계시의 말씀을 개인이 받았다면 "나는 이 말씀을 어떻게 적용할까?" 하는 질문이 생기게 될 것이다. 만약 내가 속한 믿음의 공동체가 받았다면 "우리 교회는 어떻게 적용해야 하는가?" 하는 질문을 하게 될 것이다. 계시의 말씀이 한국 교회에 주어졌으면 "한국 교회는 어떻게 이 말씀을 적용해야 하는가?" 하는 새로운 고민을 국내 모든 교회가 가지게 될 것이다.

계시의 수신자가 누구인가, 즉 누구에게 이 계시의 말씀이 주어졌는가를 구분하여 생각하지 않으면 엉뚱한 일이 벌어지게 된다. 교회의 지도자가 먼저 고민해야 할 문제를 성도가 고민하는 전도(顚倒) 현상이 생기게 되는 것이다. 계시의 말씀이 결국 전 교회에 전파되어 주님의 말씀이 편만해지는 결과만 보아서는 계시의 수신자 구분이 무용하게 보일지 모르겠으나 말씀의 적용에 따른 책임 추궁을 당함에 있어서 결과론에 편승해서 넘어갈 수는 없지 않겠는가.

이러한 사유의 과정을 통하여 글쓴이는 두 가지 핵심 질문을 유도해 낼 수 있게 되었다. 그 하나는 반드시 속히 일어날 일들이 무엇인가? 하는 것이고 다른 하나는 누구에게 계시의 말씀을 주셨는가? 하는 것이었다.

# 땅의 임금들의 머리

> 땅의 임금들의 머리가 되신 예수 그리스도로 말미암아 은혜와 평강이
> 너희에게 있기를 원하노라 (계1:5)

요한계시록 성경 안에는 수많은 계시가 담겨 있었다. 그 모든 계시가 다 중요하겠지만, 그중에서도 중요한 것을 꼽으라고 한다면 하나님 자신에 대한 계시를 선택해야 할 것이다. 그렇게 한 것이 잘한 일임을 확인이라도 해 주는 듯이 서두(書頭)에는 삼위 하나님 자신에 대한 계시가 자세하게 그리고 분명하게 드러나 있었다.

사도 요한은 하나님을 다음과 같은 분으로 서술하였다.
'이제도 계시고, 전에도 계셨고, 장차 오실 이'

또한 성령을 다음과 같은 분으로 표현하였다.
'그의 (하나님) 보좌 앞에 있는 일곱 영'

그리고 예수 그리스도를 다음과 같은 분으로 선언하였다.

천·묵·기·통 요한계시록

"충성된 증인으로 죽은 자들 가운데에서 먼저 나시고 땅의 임금들의 머리가 되신 예수 그리스도"

삼위 하나님에 대한 이러한 계시는 사도 요한이 썼던 요한복음에는 잘 등장하지 않는 것으로 하나님에 대한 새로운 계시로 다가왔다. 그리고 이 계시는 이 책이 주려는 중요한 메시지가 될 것임을 암시하는 것으로 느껴졌다.

익히 잘 알고 있는 성경 구절이 어떤 날에는 특별하게 다가와서 심상에 꽂히는 말씀이 되는 것을 종종 경험한 적이 있었다. '땅의 임금들의 머리가 되신 예수 그리스도'라는 말씀이 바로 그 말씀으로 다가왔다. 사람의 아들로 오셨던 주님은 '세상 죄를 지고 가는 하나님의 어린 양'으로 로마 제국의 유대 총독 빌라도에 의해 십자가형을 언도 받아 죽임을 당하셨다. 그러나 이제는 '땅의 임금들의 머리'임을 선포하고 계시는 것이다.

역사적으로 존재해 왔던 그 모든 제국의 황제들과 왕들의 통치자이셨음이 선언되어 있었던 것이다. 이 선언은 과거의 일에만 한정된 것이 아니었다. 주님은 현재도 살아계신 분이시다. 그러므로 현재 지상에 세워진 모든 나라의 대통령들과 수상들의 통치자이기도 하시다. 따라서 주님은 하나님의 뜻에 반하여 권력을 탈취하고 권부에 오른 독재자들을 그냥 두실 수 없는 것이다. 그들은 필히 심판을 당할 것이다. 그리고 이 놀라운 우리 주님의 지위는 앞으로도 변함없이 영원히 지속될 것이다.

할렐루야!

우리 주님의 지위에 대한 이 놀라운 선포, 주님이 땅의 임금들의 머리가 되셨다는 이 복음을 가슴에 품는다. 아니 그것만으로 부족한 것 같다. 가슴에 새긴다. 이 복음이 놀라운 힘이 된다. 이 복음은 연약하고 유약해 보이기만 하는 지상 교회에 새로운 활력이 될 것이다.

그 땅 우뚝 솟아 있던 그 많은 예배당들이 훼파되고 핍박을 피해 숨어서 예배를 드리는 지하교회 성도가 겨우 숨 쉬고 있는 그곳에 '땅의 임금들의 머리가 되신' 주님께서 삼대 세습 정권의 그 악한 권력을 깨뜨리시고 주님의 몸 된 교회를 회복시키실 것이라는 믿음이 생긴다.

세계 각국에서 성도를 핍박하고 무고한 이들의 피를 흘리게 하는 그 모든 세상 권력들을 '땅의 임금들의 머리가 되신' 주님께서 무너뜨리고 신앙의 자유를 선포하게 할 그 날이 속히 오도록 기도하게 한다.

놀라운 복음은 계속 선포되고 있었다.
"은혜와 평강이 너희에게 있기를 원하노라"

그때나 지금이나 죄악이 관영하고 하나님의 의가 무시되고 거부되는 세상에서 살아가야만 하는 신실한 주님의 종들은 그들이 어디서 살든지 매일 매일 순교하는 것과 같은 삶을 살아가게 된다. 이 고달픈 삶을 살아가는 성도에게 이처럼 참다운 위로가 될 말씀이 또 있겠는가?

그렇다. 사도 요한의 이 인사말은 의례적인 인사말을 이미 넘어선 축복이요, 갈급함을 채워주는 생수 같은 것이다. 그는 그 은혜와 평강을 자신이 줄 수 없는 것임을 잘 알았다. 그는 그 은혜와 평강의 근원을 분명히 밝혔다. 그것은 '땅의 임금들의 머리'이신 예수 그리스도로부터 온 것이었다.

주님이 '인자'로 세상에 계셨을 때가 '은혜와 진리'(요1:17)의 시대였다면 주님이 '그 어린양'으로 천상에 계시고 '또 다른 보혜사'(요14:16)를 통하여 역사하고 계시는 이때는 '은혜와 평강'의 시대라고 말할 수 있을 것이다. 그렇다. 당시 일곱 교회에게 꼭 필요했던 '은혜와 평강'이 아직 하나님의 나라가 완전히 이루어지지 않은 오늘날에도 지구촌의 모든 교회에 동일하게 필요한 것임에 틀림없을 것이다. 지금도 '살아계신 자'이신 예수 그리스도께서는 '땅의 임금들의 머리'이신 까닭에 이 땅의 임금들에 의하여 만들어진 그 모든 불안, 공포, 굶주림, 테러, 추방 상황에서도 주님의 종들에게 놀라운 은혜와 평강을 주실 것이다.

이제 하나님에 관하여 새로운 계시를 받은 교회의 기도는 분명 전과 달라져야 한다.

장차 오실 전능하신 하나님,

은혜와 평강을 주소서
우리 교회보다도
먼저
북한지하교회 성도에게 주소서
지구촌 도처에서 핍박받고 있는 교회에게 주소서

땅의 임금들의 머리가 되신
예수 그리스도의 이름으로 기도합니다
아멘.

# 요한의 시(詩)

글쓴이가 요한계시록을 공부하면서 참고했던 도서 중에서 특히 영향을 받은 것 중에 하나가 있는데 그것은 유진 피터슨 목사가 지은 『묵시: 현실을 새롭게 하는 영성』이다. 그 책 23쪽에는 '시인 요한'이란 제목 하에 다음과 같은 글이 있다.

"사도 요한이 이룬 신학적 과업의 성과는 결국 한 편의 시인데, 그것은 '초대교회 시대가 낳은 가장 위대한 시'이다.[3] 요한계시록을 시로 읽지 않으면 도무지 그것을 이해할 수 없다. 요한계시록에 대한 오해와 잘못된 해석은 대부분 요한을 시인으로 보는 능력이 없기(또는 그렇게 보기를 거부하기) 때문이다."[4]

상기 인용 글 중에 언급된 '초대교회 시대가 낳은 가장 위대한 시'는 계시록 1장 7절 말씀을 지칭한다. 시적 느낌이 확실히 드러나기 위하여 글쓴이는 이 구절을 NIV 영어 성경을 가지고 다음과 같이 번역해 보았다.

---

3) A. Farrer, A Rebirth of Images(Westminster: Dacre Press, 1949), p.6.

4) 유진 피터슨, 묵시:현실을 새롭게 하는 영성(홍병룡역, IVP, 2002), p.23.

보라,

주께서 구름을 타고 오고 계시는도다

모든 사람들이 자신의 눈으로 목도할 것이요

주를 창으로 찌른 자들도 볼 것이로다


땅에 있는 모든 민족들이

주 때문에 애곡할 것이리니


정녕 그렇게 될 것이라!

아멘.


우리말 성경에는 "주께서 오시리라"고 마치 미래형처럼 서술되어 있지만 NIV 영어 성경에는 이 부분이 "he is coming"으로 현재 진행형으로 되어 있다. 글쓴이는 이 부분을 현재진행형으로 번역하는 것이 더 좋겠다는 순전히 주관적인 생각을 하고 있기에 '오고 계시는도다'로 번역해 보았다.

현재 진행형을 택한 이유는 주께서 지금 오고 계시기에 얼마 있지 않으면 문 밖에 도착하여 문을 두드릴 것이라는 사도 요한의 기대에 부푼, 보고 싶은 주를 만나고 싶어 하는 마음이 간절하게 녹아져 있음을 느끼게 하기 때문이다.

이러한 사도 요한의 기대는 어느새 현실이 되어 실제 상황이 발생하게 된다. 사도 요한 자신뿐 아니라 모든 사람이 주님을 자신들의 두 눈으로 목도하게 되는 상황 말이다. 이러한 주님의 재림이라는 실제 상황에서 제일 곤란을 당할 사람은 주님을 큰 못으로 십자가에 못 박은 사람들, 그리고 주님의 옆구리를 창으로 찌른 사람일 것이다. 사도 요한이 예수님을 못 박은 사람보다도 창을 찌른 사람을 언급한 것은 우리의 예상을 벗어나는 것이다. 왜 못 박은 사람이 아니라 창으로 찌른 사람들일까?

아마도 사도 요한은 창을 찌른 사람이 예수님의 십자가 위에서의 죽음에 결정적 기여를 한 사람으로 생각한 것은 아닐까. 아니면 십자가형을 집행한 여러 명의 사람들 중에서 제일 악독하게 굴었던 사람이 창을 찌른 사람이었을까.

글쓴이는 사도 요한이 '그를 찌른 자들'이라고 복수로 표현한 부분에 주목하였다. 예수님의 죽음을 확인하기 위하여 창으로 찌른 사람은 분명히 한 군인이라고 사도 요한은 요한복음에 기록하였다(요19:34). 자신이 한 군인이라고 기록하였음에도 불구하고 이곳에서는 왜 복수로 표현하였을까?

이 복수형의 서술이 이 구절을 이해하는데 단서가 될 수도 있을 것이다. 즉 '그를 찌른 자들'이란 복수형은 예수님을 십자가의 죽음으로 몰고 간 그 모든 사람들을 다 포함하고자 하는 시적 표현으로 이해하는 것이다. 즉 감람원에서 예수님을 붙잡은 사람들, 대제사장 집으로 예수님을 끌고 간 사람들, 공회에서 예수님을 고소한 사람들, 거짓 증인들, 가시면류관을 만들어 씌운 사람들, 채찍질한 사람들, 십자가에 못 박은 사람들, 창으로 찌른 사람 등, 주님의 고난과 죽음에 이런저런 모양으로 관여한 그 모든 사람을 통칭한 것이 아닌가 생각되어진다.

예수님을 십자가의 죽음으로 몰고 간 그 모든 사람들이 큰 낭패를 당할 것이다. 그러나 사도 요한은 결코 그들에게 적의나 복수의 감정을 드러내 놓고 있지 않다. 사도 요한의 신앙은 이미 그러한 수준을 한참 넘어서 있었던 것이리라. 예수님을 해코지한 사람들은 그렇다고 치더라도 나머지 다른 사람들은 또 어떻게 될 것인가?

땅에 있는 모든 민족들이 애곡하게 될 것이다. 왜 모든 민족들이 애곡을 할 것인가. 사실 유대 민족 외의 다른 민족들은 주님을 십자가에 못 박도록 동조한 죄에 대해서는 한 발 떨어져 있다. 그럼에도 불구하고 유대 민족과 마찬가지로 애곡을 하게 되는 것일까.

자신들에게 임할 심판의 두려움 때문이 아닐까. 모든 민족들은 구름을 타고 오시는 주님을 보게 될 것이다. 그런데 재림하시는 그 주님은 사랑의 주님, 구원의 주님으로 오시는 것이 아니라 심판의 주님으로 이 땅에 다시 오시는 것이다. 자신의 지은 죄와, 예수님을 그리스도로 하나님의 아들로 믿지 않은 죄, 그리고 자신들이 지은 죄에 대한 심판과 그 형벌에 대한 두려움과 슬픔, 후회와 탄식, 그 모든 것이 애곡 속에 녹아 있는 것이리라.

주께서 오실 때 더 이상의 자비는 기대될 수 없다는 것을 그들 스스로가 너무나 잘 알고 있는 것이다. 자신들에게 미칠 심판과 자신들이 당할 멸망으로 인하여 애곡을 하게 되는 것이리라.


사도 요한의 이 짧은 시에는 이와 같이 상당히 많은 내용들이 함축되어 있는 것으로 느껴진다. 구세주로서 오신 주님과 대비되는 심판자로서 오실 주님이 가장 핵심적인 시의 주제일 것이다. 또한 주님을 믿지 않은 자들에 대한 강력한 경고도 포함되어 있다. 그 경고는 애곡하는 무리들 속에 우리가 있어서는 안 된다는 것이다. 그 속에 우리의 부모와 친척과 친구들이 없어야 된다는 것이다.

사실 사도 요한의 이 짧은 시는 글쓴이가 처음 접했을 때 이해하기가 몹시 어려웠다. 그 이유는 이 시를 보는 시점(時點)의 차이를 인지하지 못하였기 때문이었다. 이 구절을 사도 요한이 살아 있을 당시, 즉 주님을 십자가에 못 박고 창으로 찌른 사람이 살아있을 당시의 시점으로 이 구절을 읽으면 이해하는데 아무런 문제가 없다. 그러나 이 구절을 지금 우리의 시점(時點)에서 읽으면 "그를 찌른 자들도 볼 것이요"라고 표현한 이 부분을 어떻게 이해해야 하는 문제가 생기게 된다. 주님은 아직 재림하지 않으셨는데 '주님을 찌른 자들'은 이미 다 죽었기 때문이다.

글쓴이는 이 구절을 당대에 주님의 재림을 확신한 사도 요한의 예언으로, 그러나 지금까지 성취가 미루어지고 있는, 그의 간절한 소원이 녹아있는 예언시(豫言詩)로 이해하는 것이 어떨까 하는 생각을 가지고 있다.

글을 끝내려다 한 마디 첨언하고 싶다. 이 시의 '구름을 타고'에 시점(視點)이 머무르면 틀림없이 묵시의 늪으로 빠지고 만다. 시인 요한의 시점은 구름이 아니라 '지금 오고 계시'는 주님인 것이다. 한번 구름이 무엇인지 해석하고자 달려들기 시작하면 이내 '지금 오고 계시는 주님'은 안중에도 관심에도 없게 된다. 어쩌면 이런 것이 묵시문학적 기법이 가지고 있는 의미 있는 장치일 것이다. 늪에 빠진 분들에게는 죄송하지만 말이다.

# 보석(寶石) 중의 보석

> 주 하나님이 이르시되 나는 알파와 오메가라 이제도 있고 전에도 있었고
> 장차 올 자요 전능한 자니라 하시더라 (계1:8)

글쓴이가 요한계시록을 공부하면서 발견한 놀라운 사실 중에 하나
는 성경은 보석으로 시작하여 보석으로 마친다는 것이다. 이러한 주장
에 대해 의아해하는 독자들이 많을 것이다. 그렇지만 사실이 그러하다.
성경의 첫 번 책인 창세기는 정말 금과 보석으로 시작한다. 다음 구절
이 이를 뒷받침한다.

> 강이 에덴에서 흘러나와 동산을 적시고 거기서부터 갈라져 네 근원이 되
> 었으니 첫째의 이름은 비손이라 금이 있는 하월라 온 땅을 둘렀으며 그
> 땅의 금은 순금이요 그곳에는 베델리엄과 호마노도 있으며 (창2:10-12)

베델리엄(bdellium)은 고무와 비슷한 수지(樹脂)로 값비싼 향료라고 알려져 있다. 진주로도 해석되기도 한다.[5] 호마노(onyx)는 보석 '마노'의 일종으로 내부에 흰색과 검정색 등 다양한 색상의 색띠를 가진 귀한 보석이다.[6]

성경의 마지막 책인 요한계시록 역시 금과 보석으로 끝을 마치고 있다.

그 열두 문은 열두 진주니 각 문마다 한 개의 진주로 되어 있고 성의 길은 맑은 유리 같은 정금이더라(계21:21)

얼마나 재미있는가. 더 신기한 것은 그 완벽한 수미상관법(首尾相關法)이다. 창세기의 순금은 요한계시록의 정금과, 베델리움은 진주와 각각 대응된다.

요한계시록에 처음 입문했을 때는 아무것도 몰랐고, 아무것도 볼 수 없었다. 그런데 어느 날 눈이 뜨이기 시작했다. 갑자기 눈에 확 뜨이는 보석을 발견한 것이다. 그것은 요한계시록 1장 8절 말씀이었다. 이 말씀은 정말 보석보다 더 귀한 보석이었다. 이 보석을 발견한 것에 대한 놀라움과 경이로움을 표현해 보았다.

---

5) 하용조 편찬 비전성경사전(두란노, 2001), p.471.

6) 하용조 편찬 비전성경사전(두란노, 2001), p.1296.

길을 걷는다. 길 저쪽에 햇빛으로 인해 무엇인가 반짝이는 것이 있다. 가까이 다가가서 보니 흙에 반쯤 묻힌 보석이 영롱한 무지갯빛을 발한다. 손으로 파 보니 주먹만 한 다이아몬드 원석(原石)이 드러난다. 그런데 주위를 둘러보니 이런 보석들이 한 두 개가 아니라 무수하다. 세상에 땅에 드러난 보석이 이렇게 많다니….

아브람은 그가 구십 구세 되던 해에 하나님을 만났다. 그가 하나님을 만나러 가서 만난 것이 아니라 하나님께서 그를 만나러 오신 것이다. 하나님은 그에게 자신이 전능한 자임을 밝히셨다(창17:1).

글쓴이에게도 이와 비슷한 만남이 있었다. 글쓴이가 전능하신 하나님을 만난 것이다. 대면하게 되었다는 것도, 신비한 음성을 들었다는 것도 아니다. 누구나 만날 수 있는 그러한 방법으로 만난 것이다.

성경책을 펴서 요한계시록 1장 8절을 읽은 사람은 누구나 하나님을 만날 수 있다. 아브라함에게 찾아가서 자신을 전능자로 계시하셨던 그 하나님께서는 거기서 '장차 올 자요 전능한 자'로 자신을 새롭게 계시하시고 계셨다.

그런데 그 전능자가 장차 올 것이라는 계시의 말씀은 두 손으로 받들기에는 너무나 무겁다. 만물의 장래가 달려 있는 중차대한 메시지인데 어찌 두 손으로 받을 수 있단 말인가. 그러나 말씀이 주는 위로와 소망으로 인하여 두 손에 힘이 가득함 또한 느낀다. 기도를 오랫동안, 많이 한 사람들의 이야기를 들어보면 공통적으로 하는 이야기가 있다. "아무리 기도해도 기도의 응답이 없는 것이 있습니다. 어떤 기도 제목은 주님이 오시지 않고는 해결되지 않을 것 같다는 생각이 들기도 합니다."

글쓴이는 그렇게 말한 분의 기도제목을 알지 못한다. 어쩌면 북한을 위한 기도제목을 가지고 오랫동안 기도하는 분들도 이와 비슷한 생각이 드는 것이 아닌지 모르겠다. 지구촌 곳곳에서 핍박받고 있는 형제자매들을 위해 지속적으로 기도해 온 분들도 그러할 것이다.

이런 기도제목을 가슴에 품고 있는 분들에게는 이 말씀이 얼마나 속을 시원하게 해 줄까. 기도의 응답처럼 들리지는 않을까. "그렇습니다. 주님, 하루속히 아니 지금 당장 오셔서 이 모든 악들을 다 멸하시고 고통과 눈물이 사라지게 해 주소서" 하고 힘주어 기도할 것이다.

# 좌우에 날 선 검

> 그의 오른손에 일곱별이 있고 그의 입에서 좌우에 날 선 검이 나오고 그
> 얼굴은 해가 힘있게 비치는 것 같더라 (계1:16)

「요한계시록」 공부를 시작한 이후 처음으로 제대로 힘든 말씀과 마주
치게 되었다. 지금 돌이켜 생각해도 묵시록 정복의 전 과정 중에서 가
장 넘어가기 어려운 고개였던 것 같다. 처음에는 이 말씀이 도저히 이
해가 되지 않았기에 그냥 넘어갈까 하는 생각도 없지는 않았지만 그렇
게 할 수 없었다. 이 말씀이 주님에 관한 계시였기 때문이다. 주님에 관
한 계시를 이해하지 못한다고 한다면 그 외 다른 계시를 다 이해하였
다 하더라도 그것이 무슨 의미가 있겠는가 하는 생각 때문이었다.

이 말씀은 글쓴이 자신에게 무수한 질문을 하게 하였다. 그 질문들
중에서 가장 핵심적인 질문은 13절부터 16절까지 묘사된 주님의 모습
이 실제 모습인가? 아니면 주님의 본성을 사람들이 잘 이해할 수 있도
록 이미지화된 모습인가? 하는 것이었다.

사실 이 질문이 생긴 것은 바로 입에서 '좌우에 날 선 검이 나오고'(계 1:16) 라는 표현 때문이었다. 주님의 실제 모습이 이렇다는 것은 아무리 상상해도 상상이 잘되지 않는다. 입에서 칼이 나오는 모습은 마치 외계인(外界人)을 소재로 하는 영화에서나 볼 수 있을 법한 것이기 때문이다.

계1:16의 말씀을 어떻게 이해해야 할까? 이 구절이 영어 성경에는 어떻게 표현되어 있는가를 찾아보았다.

"out of his mouth came a sharp double-edged sword" – 「NIV」
"out of his mouth went a sharp two-edged sword" – 「KJV」
"out of His mouth came a sharp two-edged sword" – 「NASB」

세 가지 영어성경 모두 한글 성경과 같이 서술되어 있었다. 따라서 번역된 문장이 가져다줄 수 있는 오해의 소지가 없다는 것을 확인할 수 있었다. 그렇다면 글쓴이의 의문은 여전히 해소되지 못한 것이다.

이 복잡하고 지난한 의문을 해소할 수 있는 제일 쉬운 방법은 원래 문장의 '좌우의 날 선 검이 나오는 것'이 아니라 '좌우의 날 선 검과 같은 말씀이 나오고'로 이해하는 것이다. 즉 문장 가운데 '같고'가 생략되었다고 이해하는 것이다. 앞에서 계속 사용되었던 '같고'가 이 부분에서 생략되었다고 가정하는 것이다. 이를 받아들이면 다음과 같이 기록될 수 있을 것이다.

> 그의 발은 풀무 불에 단련한 빛난 주석 같고 그의 음성은 많은 물소리와
> 같으며 그의 오른손에 일곱별이 있고 그의 입에서 좌우에 날 선 검(같은
> 말씀)이 나오고 그 얼굴은 해가 힘 있게 비치는 것 같더라 (계 1:15-16)

사실 문장의 흐름을 위해 반복되는 단어는 생략되는 것이 자연스러울 수 있을 것이다. 또한 앞 서술에 "오른손에 일곱 별 '같은 것'이 있고" 가 아니라 "오른손에 일곱별이 있고"로 되어 있기에 이 문장을 이어받아서 나오는 다음 문장이 자연스럽게 "그의 입에서 좌우에 날 선 검이 나오고"로 서술된 것이 아닌가 하고 생각해 볼 수 있을 것이다

그러나 이러한 해석에도 문제점은 있다. 바로 다음 문장에 "해가 힘 있게 비치는 것 같더라"에서 '같더라'가 다시 등장하는 것이다. 앞에서 생략되었으면 그다음에도 계속 생략되어야 반복을 피하기 위하여 '같은 말씀'이 생략되었다고 가정하는 것이 설득력이 있을 것이다. 그러나 바로 이어서 '같더라'가 등장하기에 이러한 가설은 약점을 가지고 있는 것이다. 비록 16절로서 소위 '~같은' 형식으로 주님을 서술하는 내용이 끝이 나기 때문에 마지막 문장에서 생략된 단어를 다시 쓰는 것은 자연스러울 수 있겠지만 말이다.

한편 사도 요한의 이 묘사가 주님의 실제 모습이 아니라 주님의 이미지에 대한 묘사라고 이해하면 의문이 해소되는가? 사실 그렇지는 않다. 예의 "그의 입에서 좌우에 날 선 검이 나오고"는 자연스럽게 이해되지만 그렇다면 왜 주님은 자신의 실제 모습 대신에 이미지만 보여 주는 것일까? 하는 새로운 의문이 생긴다.

말씀이 육신이 된 모습을 이미 보여 주신 주께서 자신의 모습을 다시 감출 필요는 없지 않겠는가? 천상에 있는 이 모습이 원래의 모습이고 말씀이 육신이 되어 이 땅에 오신 모습이 차라리 변모된 모습이라고 생각하는 것이 더 타당하지 않을까?

이 난해한 문제에 대한 해석의 실마리는 뜻밖에도 다른 곳에 있었다. 계2:16에서 보면 영광의 주님은 "내 입의 검으로 그들과 싸우리라"라고 말씀하신 바가 있다. 여기서 문맥으로 보아 "내 입의 검"은 분명히 영광의 주님의 입에서 나오는 말씀을 지칭한다고 보아야 할 것이다. 이러한 해석의 근거는 사도 바울이 하나님의 말씀을 "성령의 검(엡6:17)"이라고 표현한 것에서 찾을 수 있다.

영광의 주님이 스스로 사용한 용례를 봐서 우리는 영광의 주님의 "입에서 좌우의 날 선 검이 나오고" 라고 묘사된 표현이 정확하게 무엇을 의미하는지를 알게 되었다. 영광의 주님은 자신의 입에서 나오는 말씀을 "좌우의 날 선 검"으로 표현하셨던 것이다. 사도 요한 역시 주님의 입에서 나오는 말씀을 "좌우의 날 선 검"이라고 주님을 따라 그대로 표현하였던 것이다.

이 말씀을 이렇게 이해한다면 사도 요한이 본 주님의 모습은 이미지화된 모습이 아니라 실제 모습인 것이다. 글쓴이는 그렇게 믿는다.

# 주님의 형상

> 촛대 사이에 인자 같은 이가 발에 끌리는 옷을 입고 가슴에 금띠를 띠고 그의 머리와 털의 희기가 흰 양털 같고 눈 같으며 그의 눈은 불꽃같고 그의 발은 풀무불에 단련한 빛난 주석 같고 그의 음성은 많은 물소리와 같으며 그의 오른손에 일곱별이 있고 그의 입에서 좌우에 날 선 검이 나오고 그 얼굴은 해가 힘있게 비치는 것 같더라 (계1:13-16)

약 십 년 전 요한복음을 집중적으로 공부한 적이 있었다. 당시 공부하면서 깨달았던 것 중 하나는 "하나님은 말씀하시는 분"이시라는 사실이었다. 하나님은 글쓴이에게 말씀하시는 분으로 다가오신 것이었다. 이러한 깨달음을 달리 표현하면 하나님은 자신을 말씀을 통하여 계시할 뿐 자신의 형상을 사람들에게 나타내 보여 주시지 않는다는 것이다. 아니 자신의 모습을 보이시는 것을 철저하게 거부하시는 분이라는 것이다.

하나님께서는 왜 그렇게 하셨을까. 죄를 범한 인간이 거룩하신 하나님의 얼굴을 보고서 살아남을 수 없기에 죄인들을 위한 하나님의 배려가 그 첫 번째 이유가 될 것이다. 그 외에도 다른 이유가 있음을 십계명을 통하여 알 수가 있었다.

십계명에는 피조물의 모습을 형상화하는 것을 금지하는 하나님의 말씀이 기록되어 있다. 금지하신 이유는 그 형상화된 것이 신격화되고 우상화될 수 있기 때문이었다. 피조물은 피조물일 뿐이다. 설혹 하나님의 형상을 돌판에 새겨 간직하고자 한다 하더라도 그 돌판이 하나님의 생명을 가질 수는 없는 것이다. 돌판이 하나님을 대신할 수는 더욱 없는 것이다.

처음 그 돌판에 새긴 사람은 하나님의 모습을 영원히 잊지 않으려고 그렇게 했을 것이다. 그러나 그 돌판을 물려받은 다음 세대는 그 돌판을 하나님이라고 생각하고 그 돌판 앞에서 절하고 경배할 것이 뻔하다. 당시 하나님을 몰랐던 사람들의 종교 행위가 그러했기 때문이다. 하나님이 사람에게 원하시는 것은 사람과 함께 사는 것이다. 하나님의 생명이 사람에게 이식되어 영원한 존재로서 영원한 교제를 하며 영원히 사는 것을 하나님께서 원하셨던 것이다.

하나님은 사람들이 영원한 생명을 얻기 위하여 하나님 앞으로 나오기를 원하실 뿐, 하나님의 형상이 새겨져 있는 돌판 앞에 나오기를 원하시지 않는다. 하나님의 생명은 돌판에게 절하여 받는 것이 아니다. 믿음으로 받는다. 하나님은 믿음을 원하시는 것이다. 비록 하나님은 사람의 눈에는 보이지 않지만 그럼에도 불구하고 하나님을 믿는 사람을 하나님은 찾으신다.

이러한 이해가 사실이라면 한 가지 문제가 생긴다. 하나님을 한 번도 본 적이 없는 사람이 하나님을 어떻게 '알아볼 수 있는가' 하는 것이다. 하나님은 사람들이 자신을 알아볼 수 있도록 스스로 자신을 계시하셨다. 자신의 모습을 보여 주신 것이 아니라 자신의 목소리를 들려주셨다. 말씀으로 자신을 계시하신 것이다. 자신의 이름을 알려 주신 것이다.

말씀하시는 하나님을 처음 만난 사람을 일 세대라고 하자. 하나님은 일 세대에게는 직접 말씀하시므로 자신이 하나님이심을 알려 주셨다. 일 세대는 하나님의 음성으로, 목소리로 알 수 있게 된 것이다. 일 세대의 자손들은 어떻게 하나님을 알 수 있는가. 이 세대는 일 세대가 전해 준 그분의 말씀으로 하나님을 알 수 있게 되는 것이다. 문자를 가진 n세대는 문자로 기록된 하나님의 말씀으로 하나님을 알 수 있게 된 것이다.

오늘날도 마찬가지이다. 사람은 하나님을 보고 하나님임을 알아차릴 수가 없다. 성경에 기록된 하나님의 말씀을 통하여 하나님을 알 수 있게 되는 것이다. 다른 말로 하면 하나님의 말씀으로 하나님을 알아볼 수 있는 것이다. 하나님의 말씀을 하는 그분이 바로 하나님이시다.

같은 이치로 사람은 하나님의 사람이 누구인지 눈으로는 알 수 없다. 그의 얼굴 생김새, 그의 옷차림, 그의 언변으로 아는 것이 아니라 그의 입에서 나오는 말씀으로 구분할 수 있는 것이다. 그가 하는 말이 자신의 말이 아니라 하나님의 말씀이면 그는 하나님으로부터 온 사람임이 틀림없는 것이다.

그런데 요한계시록에 와서는 하나님께서는 그 원칙을 깨셨다. 아니 새로운 원칙을 세우셨다. 하나님께서는 자신의 형상까지도 사람들에게 보이신 것이다. 정확하게 말하면 그 종 요한에게 보이신 것이다. '말씀하시는 하나님'께서 '보여주시는 하나님'이 되신 것이다.

우리들은 '말씀하시는 하나님'에 매우 익숙해져 있다. 성경말씀을 읽고 그 말씀을 믿으면 되는 것이다. 요한계시록 이전의 성경은 녹음기를 틀면 들을 수 있는 것이라고 비유할 수 있을 것이다. 그런데 요한계시록은 녹음기에 녹음된 것이 아니라 녹화기에 녹화된 것과 같다. 하나님의 말씀을 귀로 들을 수 있을 뿐 아니라 하나님을 눈으로 볼 수 있게 된 것이다.

성도가 요한계시록에 의하여 하나님을 보는 경험을 갖게 된 것이다. 하나님을 한 번도 본 적이 없는 사람이 하나님을 보게 되었으니 당연히 어려움이 생길 수밖에 없을 것이다.

이 어려움을 제일 처음 경험한 사람이 사도 요한이었다. 말씀이 육신이 되어 이 땅에 오신 '사람의 아들'에 대해서는 그의 음성, 모습, 걸음걸이, 식사 모습, 심지어 잠자는 모습까지도 다 알고 있는 요한이었지만 '하나님의 아들'의 모습은 정말 생소한 것이었다.

주님 생전에 변화 산에서 변모한 모습을 본 적은 있었지만 밧모 섬에서 성령 안에서 본 주님의 모습은 너무나 다른, 영광스러운 모습이었던 것이다. 사도 요한은 주님의 명령(계1:11)에 따라 자신이 본 그 주님을 서술하려고 애썼다.

두루마리 위에 수도 없이 글을 쓰고 또 지웠는지 모른다. 자신이 목격한 주님의 모습을 글로 제대로 묘사하려고 하였지만 막상 써 놓은 글을 보면 마음에 들지 않았던 것이다. 써 놓은 것은 무엇인가 부족하여 주님의 생생한 모습을 그대로 다 담아낼 수 없었던 것이다. 자신이 본 것을 그 본 바를 그대로 재현해 내려고 애를 쓰면 쓸수록 그는 실패하였다. 요한복음을 기록할 때와는 상황이 완전히 다른 것이었다. 말씀하시는 하나님이 차라리 수월하였다. 말씀하시는 그 말씀만을 잘 들었다가 글로 적어 내면 되었기 때문이었다.

사도 요한은 보이시는 하나님을 묘사하는 것이 왜 어려웠을까. '말씀하시는 하나님'은 청각으로 인지되는 반면 '보여주시는 하나님'은 시각으로 인식된다. 해부학적 관점에서 보면 청각과 시각이 뇌에서 인지되는 과정에서 차이가 있다. 시각은 청각보다 훨씬 다단계의 과정을 거쳐 최종 뇌에서 인식된다. 인지과정이 더 복잡하다.

소리는 고막을 진동시킨다. 진동은 중이의 이소골을 통과한 다음 내이의 달팽이관 속에 있는 청각세포를 자극한다. 청각세포는 이 진동을 전기신호로 변환시킨다. 전기신호는 청각신경을 통해 대뇌 측두엽에 위치한 청각센터로 보내어 진다. 청각센터는 전기신호의 모양에 따라 여러 가지 소리로 인지하게 된다.[7]

빛은 망막에 상으로 맺힌다. 망막에 맺힌 영상은 망막세포에 의하여 전기신호로 전환된다. 이 전기신호는 시신경을 따라 가다 시교차를 지나 시삭을 통과한다. 시삭을 통과한 전기신호는 시신경방사를 통과하여 마침내 대뇌 후두엽에 위치한 시각센터로 전달된다. 시각센터는 들어 온 전기 정보를 주위에 있는 다른 센터들과 교감하여 최종 형상을 인지하게 된다.[8]

---

7)  성호경, 생리학:청각 및 평형감각(의학문화사, 1989), p.509-521 참조.

8)  성호경, 생리학:시각(의학문화사, 1989), p.494-501 참조.

빛이 가야 할 길은 소리가 가야 할 길보다 더 멀다. 빛이 통과하는 과정은 소리가 통과하는 과정보다 더 복잡하다. 이러한 해부학적 차이는 빛 감각이 소리 감각보다 뇌에 의해서 조정될 가능성이 좀 더 있다는 것이다.

이러한 차이가 어떤 의미가 있는가. 빛이 만들어 내는 형상은 소리가 만들어 내는 말에 비하여 인식하는 주체의 주관성으로 덧칠될 수 있다는 것이다. 이를 다시 해석하자면 하나님의 말씀은 그 말씀 그대로 인지되는 반면 하나님의 형상은 우리의 감각의 경험이 가미된 형상으로 보일 수 있다는 것이다.

또한 시간은 감각들을 왜곡시킨다. 청각도 왜곡될 수는 있지만, 시각만큼은 아니다. 시간이 흐르면 흐를수록 들은 것에 비하여 본 것은 원래의 것과 거리가 생기게 마련이다. 오래된 천연색 사진의 색깔이 바래듯이 말이다.

결국 소리가 형상보다 더 순정하다는 것이다. 음악이 그림보다 더 순수할 수 있다는 것이다. 사람을 지으신 창조주는 이 모든 것을 아시기에 '보여주시는 하나님'보다 '말씀하시는 하나님'이 되신 것이리라. 우리의 찬양을 그 무엇보다도 먼저 받으시고 기뻐하시는 것이리라. 말씀하시는 하나님의 말씀을 들은 그대로 글로 옮기는 것과 보여주시는 하나님의 형상을 글로 그대로 옮기는 것은 또 다른 일이다. 글로 시각화하는 작업이 남아 있는 것이다.

사도 요한이 자신이 한 번도 본 적이 없는 하나님 아들의 모습과 천국 광경 그리고 미래의 일까지를(이를 가칭 천국 현상이라고 하자) 두루마리에 기록하기 위해서 자신의 모든 청각적, 시각적 경험과 그 경험을 바탕으로 한 상상력을 동원하는 것 외에 다른 방법이 없었을 것이라고 추정할 수 있다.

천국 현상의 첫 시각적 경험은 사도 요한의 고유의 것이다. 성경 독자가 '보여주시는 하나님'에 대한 이해를 아무리 많이 한다 하더라도 사도 요한이 본 것 이상으로 볼 수는 없다. 결국 보여주시는 하나님에 대한 이해는 오직 사도 요한의 눈에, 그리고 그가 본 것을 시각화한 손끝에, 그의 글에 달려있는 것이다.

그가 요한계시록에 기록한, 천국 현상에 관한 시각화된 말씀을 우리가 이해하기 위해서는 그가 온몸으로 받은 그 느낌을 공감하거나 시각화하기 위해 사용한 그의 상상력을 공유하는 것이 절대적으로 필요하다.

느낌의 공감은 시대와 공간의 차이를 극복할 수 있을 것이다. 그러나 경험의 공유는 다른 차원의 일이다. 약 2000년 전 팔레스타인 지방에 살았던 사도 요한과 오늘날 한국에 살고 있는 성경 독자와의 공유되는 부분이 잘 있겠는가. 혹 있다면 신앙 경험과 상상력이라는 가상의 힘 정도일 것이다.

상상력이 시공을 달리하는 사람들 사이에 강력한 공감대를 형성하기 위해서는 사도 요한의 상상력이 어떤 선험적 직관을 기반으로 하거나 하늘이 내려 주는 영감 혹은 성령의 감동에 기인되어야 할 것이다.

여기서 글쓴이는 '보여주시는 하나님'의 계시를 이해하기 위해서는 '말씀하시는 하나님'의 계시를 이해하는 종래의 방법과는 다른 새로운 방법이 필요하다는 생각을 가지게 되었다. 그리고 그 새로운 방법의 하나로서 '문학적 이해'를 조심스럽게 거론하고 싶다.

글쓴이가 말하고자 하는 '문학적 이해'란 문학적 접근법을 포함하지만, 그보다는 문학적 상상력을 동원하여 기록된 시각화된 말씀들이 궁극적으로 표현하고자 했던 것들을 찾아내어 그 이해의 폭을 넓히려는 것을 말한다.

성경을 지속적으로 읽고 느끼고 생각하며 묵상하는 과정에 말씀에 대한 이해력이 생긴다. 이러한 이해력이 있으면 짧은 말씀을 읽어도 그 말씀 속에 담겨 있는 많은 것들을 뽑아낼 수 있게 된다. 이러한 이해력을 영적 상상력이라고도 말할 수 있을 것이다. 또한 이를 영적 직관이나 영감, 더 나아가서는 성령의 감동이라고 부를 수도 있을 것이다.

이러한 영적 상상력을 글쓴이는 문학적 상상력이라고 부르고 싶다. 문학적 상상력이라고 부르는 이유는 이러한 영적 상상력이 영성이 풍부한 목사나 신학자보다는 감수성이 예민한 믿음을 가진 문학가에서 더 풍요하다고 느껴지기 때문이다.

'문학적 상상력'이 빼어난 작가 중 한 사람을 말해 보라고 하면 글쓴이는 희랍의 소설가 니코스 카잔차키스를 언급하고 싶다. 그의 작품 중에 『그리스도의 최후의 유혹』이 있다. 작품 속에서 그의 상상력이 너무나 앞서 나가 많은 비난을 받기도 하였지만 복음서 한 구절 속에 그렇게 많은 이야기가 압축되어 있을 수 있다는 것을 보여준 그의 업적은 결코 희석될 수는 없을 것이다.

또한 국내 소설가 중에서 김성일 작가도 있다. 한국 교회는 성경의 행간에 묻어 있는 수많은 이야기를 작가 특유의 추리력으로 캐낸 그에게 깊은 감사를 표해야 할 것이다. 특히 그의 소설 『제국과 천국』에는 밧모 섬에서 유배생활을 하고 있는 사도 요한의 모습과 그가 계시를 받는 과정이 작가의 문학적 상상력에 의하여 생생하게 그려져 있어 요한계시록에 대한 이해를 더욱 풍요롭게 해 준다.[9]

유진 피터슨 목사는 글쓴이가 알고 있는 신학자들과 목사들 중에서 이러한 문학적 상상력이 제일 뛰어난 분이 아닌가 하는 생각을 갖고 있다. '요한의 시'에서 인용한 바가 있었지만 사도 요한에서 시인 요한을 찾아낸 공로는 그의 몫으로 기억해야 할 것이다.

그의 저서 『메시지 신약』에는 본장 요절 말씀이 다음과 같은 현대식 언어로 멋지게 표현으로 되어 있다.

> I saw a gold menorah
>
> with seven branches,
>
> And in the center, the Son of Man,
>
> in a robe and gold breastplate,
>
> hair a blizzard of white,
>
> Eyes pouring fire-blaze,
>
> both feet furnace-fired bronze,
>
> His voice a cataract,
>
> right hand holding the Seven Stars,
>
> His mouth a sharp-biting sword,
>
> his face a perigee sun[10]

---

9) 김성일, 제국과 천국(홍성사, 2004), p.234-241.

10) Eugene Peterson, The Message Remix(THINK, 2003), p.2247.

내가 보니

일곱 가지 달린 금촛대가 있고

그 한가운데 인자가 계셨습니다.

긴 옷과 금가슴막이를 입으시고

머리는 새하얀 눈보라 치는 듯

눈은 화염을 쏟아 내는 듯했고

두 발은 화로에 달궈진 청동 같았습니다

음성은 큰 폭포소리 같고

오른손은 일곱별을 붙들고 계셨으며

입은 예리한 날 선 칼,

얼굴은 바싹 다가온 태양 같았습니다.[11]

글쓴이가 그의 글을 읽고 제일 놀란 것은 산문으로 된 본문을 운문으로 해석한 그의 상상력이다. 개역개정의 성경에서 이 요절은 산문으로 되어 있고 NIV 등 여러 영어 성경에도 그러하다.

본 구절이 원전에는 운문으로 되어 있는지 그것까지 연구해서 찾아낼 능력은 글쓴이에게 없다. 신학자인 그는 원전에 운문으로 되어 있는 것을 보고 운문으로 표현하였을까. 원전에 그렇게 되어 있다면 더 이상 언급할 필요는 없을 것이다. 그러나 원전에도 역시 산문으로 되어 있다면 그의 글은 매우 높은 가치를 가지게 된다.

---

11) 유진 피터슨, 메시지 신약 (복있는 사람, 2010), p.685.

주지하다시피 시는 독자의 주관적인 이해와 해석에 무한한 자유를 허용한다. 그러나 산문은 그러한 자율을 가능한 제한한다. 말씀하시는 하나님의 그 말씀을 주관적으로 해석할 수 있는 자유를 받은 인간은 그 누구도 없다. 또한 보이시는 하나님의 그 모습을 완벽하게 시각화할 수 있는 능력을 가진 사람은 그 누구도 없다. 따라서 그 모습을 시각화함에 있어서 산문보다는 어쩌면 운문이 더 적합할지도 모른다. 상징과 비유를 사용할 수밖에 없는 묵시문학적 기법이 바로 그러하다.

오해를 피하기 위하여 첨언하고자 한다. '보여주시는 하나님'을 사도 요한이 글로 시각화함에 있어서 성경의 기록자이신 성령의 능력이 제한되어 있다거나 성령이 방관하였다고는 추호도 생각하지 않는다. 글쓴 이는 단지 피조물인 인간이 완전하신 창조주의 모습을 글로 표현함에 있어서 원천적으로 한계가 있을 수밖에 없다는 것을 강조할 뿐이다.

난해한 말씀을 시로 접근하여 이해하려고 시도한 유진 피터슨 목사의 묵시록 해독법(解讀法)은 두고두고 참고해도 좋은 방법일 것이다.

# 살아 계시는 자

| 이제 세세토록 살아 있어 사망과 음부의 열쇠를 가졌노니 (계1:18)

성경학자들의 연구에 의하면 요한계시록이 기록된 해가 주후 95년 혹은 96년이라고 한다.[12] 주님이 주후 33년경 부활 승천하셨다고 한다면 60여 년이 지난 시점에 사도 요한은 성령 안에서 그의 사랑하는 주님을 다시 만난 것으로 추정할 수 있을 것이다.

사도 요한은 주님을 뵈었다. 어떤 일이 일어났을까. 말할 수 없는 기쁨과 뜨거운 눈물이 흐르는 그런 감격스러운 재회가 있었을 것으로 추정되는 구절은 그 어느 곳에서도 보이지 않는다. 아니, 벅찬 해후로 인하여 감정이 격앙될 그런 분위기도 아니었을 것이다. 주님의 모습이 과거 '인자 같은' 모습과는 전혀 달랐기 때문이리라. 주님은 지극히 높으신 하나님과 방불한 모습을 가지셨다. 사도 요한은 주님 발 앞에 엎드렸다. 얼마나 두려웠는지 그는 죽은 자처럼 되었던 것이다.

---

12) 고려신학대학원 교수회, 요한계시록 주석(총회출판국, 2011). p.22.

주님은 너무나 큰 두려움에 떨고 있는 사도 요한을 안심시키려는 듯 오른손을 그에게 얹고 "두려워하지 말라"고 말씀하셨다. 이어서 주님은 "전에 죽었었노라"는 것을 말씀하셨다. 이 말씀을 듣고서야 사도 요한은 자신에게서 두려움이 순식간에 사라짐을 느낄 수 있었다. "인자 같은 이"가 다름 아닌 그가 사랑했고, 따르고 섬겼던 그 주님임을 확신할 수 있게 되었기 때문이었다.

비록 성령 안에서의 만남이었지만 사도 요한은 주님께 물어볼 말이 얼마나 많았을까. 주님 그동안 어떻게 지내셨습니까?, 주님의 새로운 모습을 몰라뵈었습니다. 왜 예전과 많이 다릅니까? 등등.

또한 보고할 일은 더 많을 것이다. 물론 주님은 다 알고 계시는 일이지만 그는 보고하지 않을 수 없었을 것이다. 주님이 부탁하신 육신의 어머니를 섬긴 일들, 순교한 동료 제자들 이야기, 핍박받고 있는 성도에 관한 이야기 등, 이 모두는 몇 날 밤을 새도 다 하지 못할 것이다. 그러나 사도 요한은 자신이 하고 싶은 말을 꺼낼 수 없었다. 주님의 말씀이 이어졌기 때문이다. 뿐만 아니라 계시를 선포하시는 주님의 말씀은 그 하나하나가 놀라운 것, 그 자체였다. 엄청난 하늘의 비밀이요 신비로운 계시를 가슴에 새기기에 바쁜 사도 요한은 다른 어떤 것들을 생각할 겨를이 없었던 것이다.

이어지는 계시의 말씀을 받을 때 사도 요한은 얼마나 놀랐을까, 감격하였을까. 급하게 전개되는 계시를 받아 적느라고 몰아쉬는 노(老) 사도의 가쁜 숨소리들이 글의 행간에서 들려 오는 듯하다. 글쓴이 또한 심호흡을 하여 마음을 진정시키고 사도 요한이 받은 주님의 말씀을 찬찬히 음미해보았다. 그 말씀은 주님 자신에 대한 새로운 계시였다.

주님은 자신을 더 이상 지상에 계실 때처럼 "인자"로 칭하지 않으셨다. 주님은 자신을 "처음이요 마지막(the First and the Last)이요, 살아 있는 자(the Living One)"로 선포하셨다.

주님의 이 새로운 계시를 통하여 하나님 아버지와 철저하게 하나인 그 하나님의 아들을 본다. 아버지 하나님이 '알파'이신 것처럼 그 아들은 '처음'이시다. '오메가'이신 것처럼 그 아들은 '마지막'이다. '이제도 있고'처럼 지금 '살아 있는 자'이며, '전에도 있었고'처럼 '전에 죽었었고 지금은 살아있다'. 그리고 아버지 하나님이 '장차 올 전능한 자'인 것처럼 그 아들은 '사망과 음부의 열쇠를 가진 자'이다.

하나님 아버지를 보면 그 아들을 알 수 있다. 아들의 얼굴을 통하여 하나님 아버지를 볼 수 있다. '나를 본 자는 아버지를 보았거늘(요14:9)' 하신 주님의 말씀이 무슨 뜻인지 확실히 깨달을 수 있다.

사도 요한은 특이한 경험을 한 주님의 종이다. 인자로 오신 주님이 십자가에서 죽는 모습을 보았다. 모든 사람이 다 죽는 것처럼 '인자' 역시 죽는 것을 보았다. 그러나 죽은 사람 중에서 살아 난 주님을 또한 보았다. 부활하신 주님을 보았던 것이다. 부활하신 하나님이 승천하신 것도 보았다. 그리고 하늘나라에서 살아계신 주님을 또한 성령 안에서 만난 것이다. 사망하신 주님과 죽음으로부터 부활하신 주님과 지금 살아 계신 주님을 다 뵌 것이다. 사도 요한은 영생하시는 주님을 보았고 지금 하늘나라에서 보고 있을 것이다.

사람이 경험한 것은 대부분 다른 사람과 나눌 수 있다. 그러나 나눌 수 없는 것이 있는데 그것은 자신의 죽음에 관한 경험이다. 물론 드물게 임사체험을 한 사람들이 그것을 나누기도 하지만 말이다.

죽음의 경험을 나눌 수 있는 사람은 죽었다가 다시 살아난 사람만이 할 수 있다. 하나님 아들의 전능하신 능력으로 나사로는 죽었다가 살아났다. 그러나 그 역시 다시 죽었다. 죽었다가 다시 살아나 영원히 사는 분은 우리 주님이 유일하신 것이다. 그분만이 죽음을 논하실 수 있는 것이다. 그분은 자신을 사망과 음부의 열쇠를 가진 자로 계시하셨다. 선포하셨다. 열쇠는 잠긴 것을 풀고 열린 것을 잠근다. 주님은 묶여 있는 것을 풀고 풀려 있는 것을 묶는 분이시다.

주님은 사망을 묶고 더 이상 사망이 성도를 주장하지 못하게 하신다. 주님께서 부활하신 것처럼 성도를 부활시키시는 것이다. 다시는 둘째 사망이 없게 하시는 것이다. 주의 자녀로 하여금 둘째 사망의 해를 면하게 하셔서 주님과 함께 영생하게 하시는 것이다. 또한 주님은 음부의 권세를 묶어 더 이상 악이 교회를 대항하지 못하게 하신다. 아니 악을 영원히 추방하신다. 성도를 핍박하고 교회에게 말할 수 없는 악행을 저질렀던 그 모든 거짓 선지자들과 짐승들을 심판하고 처벌하시는 분이시다. 사탄을 무저갱에 가두었다가 마침내 영원한 불못에 던지실 분이시다.

지금은 성도가 죽지만 결국은 다시 사는 것이다. 현재 교회가 핍박을 받고 또 환란을 당하지만 결국 음부의 권세는 멸망하는 것이다. 성도의 죽음은 현실이나 영생은 미래의 실제이다. 교회의 핍박과 환란은 현실이나 승리 또한 미래의 실제이다. 그러하기에 성도에게는 죽음이 없는 것이다. 교회는 승리하는 것이다. 주님이 사망과 음부의 열쇠를 가지고 계시기 때문이다.

진정 우리가 두려워해야 할 것은 믿음이 없는 것이다. 이 믿음이 없으면 우리는 정말 죽는다. 현재의 죽음이 미래의 실제적인 죽음인 것이다. 이 소망이 없으면 교회는 정말 괴롭다. 현재의 고통이 미래의 실제적인 고통인 것이다.

사복음서에서 출발하여 서신서를 거쳐 신약 성경의 마지막 책인 요한계시록으로 넘어온 우리들은 이제 예수 그리스도의 새로운 이름에 익숙해져야 할 것이다. 하늘 보좌로 복귀하신 그분의 새로운 이름 말이다. 그분은 존귀한 자신에 합당한 이름을 가지셨고 또 스스로 그 이름을 부르셨다.

"나는 처음이요 마지막이니 곧 살아 있는 자라 내가 전에 죽었었노라"

사복음서에 계시되었던 주님만이 주님의 본질이 아닌 것이다. 주님이 자신을 더욱더 계시하신 만큼 우리의 신앙도 더욱 확장되어야 한다는 것이다. "사망과 음부의 열쇠를" 가진 주님을 믿는 믿음까지 확장되어야 한다는 말이다.

전에는 사랑의 주요, 구원의 주를 즐거워하고 자랑하였으나 이제부터는 사망과 음부를 다스리시는 주님을 대망하며 경배해야 하지 않겠는가. 십자가 죽음에서 부활하셔서 지금 하늘의 우편에 앉아 사망과 음부를 다스리는 주님이 "두려워하지 말라"고 말씀하시는데 무엇을 두려워하겠는가?

교회가 두려워할 것은 주 하나님 외에 아무것도 없다.

# 미로에서 헤맨 이야기들

> **❙** 그러므로 네가 본 것과 지금 있는 일과 장차 될 일을 기록하라 (계1:19)

글쓴이는 공부 초기에 이 요절 말씀을 잘못 이해하여 많은 시간을 허비하였다. 누가 읽어 보아도 "네가 본 것과 지금 있는 일과 장차 될 일을"은 과거와 현재와 미래의 일을 지칭하는 것으로 이해할 것이다.

사실 처음 접한 책의 해설서에서 그렇게 설명하고 있어서[13] 글쓴이는 그러한 이해를 그대로 받아들였다. 그런데 이러한 이해는 글쓴이로 하여금 아래와 같은 등식으로 생각을 고착화하였다.

---

장차 될 일 = 미래의 일

---

13) 이광복, 계시록설교노트(도서출판 흰돌, 2009), p.20.

이 등식은 치명적인 결과를 초래하였다. 장차 될 일이 미래의 일이므로 상징의 말씀이 지목하는 것이 어떤 일인가 하는 질문을 가지게 하였다. 그래서 그 일이 무엇인가를 찾기 시작한 것이었다.

이러한 생각으로 인해 정말 엉뚱한, 아니 기발한 해석을 하게 하였다. 그 해석을 소개한다.

> 둘째 인을 떼실 때에 내가 들으니 둘째 생물이 말하되 오라 하니 이에 다른 붉은 말이 나오더라 그 탄자가 허락을 받아 땅에서 화평을 제하여 버리며 서로 죽이게 하고 또 큰 칼을 받았더라 (계6:3-4)

공산주의자들을 붉은색을 좋아했고 그들이 하나님처럼 섬기는 그 이념을 상징하는 색으로 붉은색을 택하였다. 공산주의자들은 자신들이 권력을 잡기 위하여 수단과 방법을 가리지 않고 상대방을 숙청하였다. 그리고 공산주의 혁명을 위하여 혁명운동을 전파하고 공산국가를 세우기 위하여 혁명전쟁도 마다하지 않았다. 그로 인하여 얼마나 많은 사람이 죽었는가?

지난 세기 동안 지구상에 광분했던 공산주의의 그 폐해를 생각하면 이 성경 구절이 이해되는 것 같다. 물론 공산주의의 출현이 하나님의 경륜 안에 있는 일이라고 가정한다면 말이다. 만약 글쓴이의 느낌이 사실이라면 첫째 인과 셋째 인은 유추할 수 있을 것이다.

우선 셋째 인에 대한 계시를 살펴보자.

> 셋째 인을 떼실 때에 내가 들으니 셋째 생물이 말하되 오라 하기로 내가
> 보니 검은 말이 나오는데 그 탄자가 손에 저울을 가졌더라 내가 네 생물
> 사이로부터 나는 듯한 음성을 들으니 이르되 한 데나리온에 밀 한 되요
> 한 데나리온에 보리 석 되로다 또 감람유와 포도주는 해치지 말라 하더라
> (계6:5-6)

　내용은 잘 알 수 없지만 무언가 오늘날 자본주의에 대해서 설명하는
것 같다는 느낌이 든다. 계속하여 넷째 인에 대한 계시를 살펴보자.

> 넷째 인을 떼실 때에 내가 넷째 생물의 음성을 들으니 말하되 오라 하기로
> 내가 보매 청황색 말이 나오는데 그 탄자의 이름은 사망이니 음부가 그 뒤
> 를 따르더라 그들이 땅 사분의 일의 권세를 얻어 검과 흉년과 사망과 땅의
> 짐승들로써 죽이더라 (계6:7-8)

　첫인상이 중세기에 유럽을 창궐했던 페스트 유행병을 묘사하는 것
같다. 지금까지 글쓴이의 논리 전개가 옳은 것이었다면 우리들은 셋째
인이 떼어진 시대에 살고 있는 것이다. 그렇다면 첫째 인이 열어 준 계
시는 무엇일까? 아마도 공산주의가 득세하기 이전까지의 그 모든 세대
를 의미하는 것이 아닐까? 혹 로마제국 이후 지구상에 존재했던 그 모
든 제국주의의 번성을 보여 주는 것일까?

　'장차 될 일 = 미래의 일'이라는 생각으로 계시록 6장 이후에 전개되
는 그 모든 상징적 이미지가 암시하는 일들이 사도 요한 시대 이후 지
금까지 동안 인류의 역사에서 발생한 일들과 어떻게 일대일로 대응되
는가를 해석하려고 시도하였던 것이었다.

주님의 계시를 과거와 현재와 미래로 구분하려는 해석은 근본적으로 오류가 있는 것임을 상당한 시간이 지난 다음에 알게 되었다. 우선 이런 해석을 하게 된 까닭은 다분히 원문이 내포하고 있는 뉘앙스를 제대로 이해하지 못했기 때문이었다.

"네가 본 것"은 NIV, KJV, NASB 영어성경에는 "what you have seen"으로 되어있었다. 한국어 성경에는 과거형으로 번역되어 있지만 영어성경은 현재완료형으로 서술되어 있다. 현재완료형의 문장은 과거로부터 시작되어 현재에까지 지속되고 있는 상태를 내포한다. 따라서 현재완료형은 과거보다는 현재 시제가 더 강조된다. 영어 성경의 표현을 감안한다면 계시의 내용을 "과거"와 "현재"로 구분하는 것은 엄밀한 의미에서 타당성이 적었다.

뿐만 아니라 히브리어는 미래 시제가 없다는 것을 알았다. 완료태와 미완료태만 있다. 그래서 히브리어 어법으로 볼 때 미완료태인 '장차 될 일'이란 지금은 이루어지지 않은 일이지만 앞으로 이루어질 일이란 의미이다. 물론 이 일이 우리 시간으로 볼 때 미래에 생길 일임에 분명하지만 우리 생각처럼 그 일이 사도 요한 이후 인류 역사상 있었던 일이거나 앞으로 생길 중요한 일이 아닌 것이다. 우리들의 의미부여와 별개로 그 일은 하나님의 경륜 속에 있는 일이며 하나님의 때에 생길 일이란 깨달음이 생겼다.

상징이 인류 역사에 중요한 어떤 구체적인 사건이나 일을 지명하는 것으로 해석하려는 경향을 가진 성경학자들을 '세대주의자'라고 불리는 것을 나중에 알았다.[14] 글쓴이는 세대주의적 해석으로 미로에서 한참 동안 헤매며 다녔던 것이었다.

---

14) 노우호, 쉽게 이해되는 요한계시록(하나, 2005), p.237-241.

# 비밀인가 신비인가?

| 네가 본 것은 내 오른손의 일곱별의 비밀과 (계1:20)

사도 요한이 본 것은 무엇이었던가? 그것은 "살아 있는 자"의 "오른
손 안에 있는 일곱 별"이었다. 일곱별의 비밀이 도대체 무엇일까? NIV,
KJV, NASB 영어성경 모두 이 비밀이라는 단어를 mystery로 표기하
고 있다.

mystery는 사실 비밀(秘密)이란 뜻보다는 신비(神秘)라는 뜻으로 번역
된다. 우리말 성경이 이 단어를 신비가 아니고 비밀로 번역한 것에 다
소 의문이 생긴다. 성경이 우리말로 처음 번역되었을 때 어쩌면 그 당
시 사람들에게 신비라는 개념이 없었을 수도 있겠다. 신비한 것은 신의
영역에 있는 일이다. 하나님이란 개념이 없으면, 하나님이 신비한 분이
시라는 인식이 없으면 신비한 것도 없고 신비라는 개념도 없는 것이다.
그래서 선교사들이 아무리 신비라는 개념을 설명해도 번역을 하는 사
람에게는 이 'mystery'라는 단어에 대한 적합한 번역어로 비밀이라는
단어가 먼저 가슴에 떠올랐을지도 모른다.

하나님의 이 신비는 원래 독점적인 것이었다. 그러나 그 독점적 비밀을 그 사랑하는 종들이 다 알 수 있도록, 알게 하려고 이렇게 계시하신 것이다. 나타내 보이신 것이다. 그러하기에 하나님이 계시하신 그 신비는 이제는 더 이상 독점적인 것이 아니다. "그 종들"에게, 교회의 사자에게, 교회에게 공개되었다.

그러나 하나님의 적대 세력들, '사탄과 짐승과 거짓 선지자들'에게는 결코 공개될 수 없는 것이다. 이 신비로운 비밀은 적대 세력들에게는 영원한 비밀로 남게 될 것이다.

구약에서의 신비한 비밀은 바로 예수 그리스도이셨다. 하나님의 아들이 인간의 몸을 입고 이 세상에 오신다는 것, 엄청난 신비요 비밀이 아닐 수 없는 것이다. 사람들이 이해할 수 없는 것도 비밀이지만 무엇보다도 하나님의 경륜을 혹시라도 방해하려는 사탄이 알아서는 안 되는 것이기에 그러하였다.

이제 신약시대에 하나님의 아들이 베일을 벗겨 준 그 신비한 비밀은 주님의 손 안에 있는 일곱별과 주님이 운행하시는 일곱 금 촛대가 가지고 있던 것이다. 주님은 일곱별과 일곱 금 촛대의 신비한 비밀이 무엇인지 친히 밝혀 주셨다. 일곱별은 일곱 교회의 사자요, 일곱 금 촛대는 일곱 교회라고 알려주셨던 것이다.

혹 독자들은 주님이 밝혀 드러낸 하늘나라의 신비가 일곱 교회요, 그 사자라는 사실에 실망하였는가? 우리가 속한 교회가 주님이 세우신 것이며, 주님의 몸이며, 주님이 이를 위해 자신의 생명을 주신 것이라는 사실을 알지 못하는 사람에게는 그러할 것이다.

교회가 신비한 비밀이라는 이 사실은 글쓴이로 하여금 크게 고무시킨다. 한국 교회의 회복을 위한 메시지, 그리고 북한지하교회의 안위를 위한 메시지를 「요한계시록」에서 찾고자 하는 글쓴이의 시도가 결코 헛된 것이 되지 않을 것이라는 믿음을 주기 때문이다. 글쓴이는 그 메시지를 찾는 데 힘을 다해볼 생각이다. 그 메시지를 찾아 한반도에 있는 모든 교회들과 나누는 것이 이 글들을 쓰는 궁극적인 이유이다.

# 일곱별과 일곱 금 촛대

> 일곱별은 일곱 교회의 사자요 일곱 촛대는 일곱 교회니라 (계1:20)

고대부터 나침반이 발명되기 전까지 밤하늘의 별은 자신들이 가야 할 길의 방향을 알려주는 중요한 길잡이였다. 동방의 박사들은 별을 보고 '유대인의 왕'의 탄생을 알았다. 그 별이 인도한 길을 따라와서 유대 베들레헴에 도달하였고 갓 태어난 아기 왕을 찾아 경배할 수 있었다.

영광의 주님께서 사도 요한에게 주님의 오른손 안에 있는 일곱별의 비밀과 일곱 금 촛대의 비밀을 직접 알려 주신 것은 매우 흥미로운 일이다. 주님은 일곱별은 일곱 교회의 사자임을, 일곱 금 촛대는 일곱 교회임을 밝히셨다. 이는 주님의 교회가 바로 주님의 비밀이고 신비임을 의미하는 것이다. 교회가 이러한 의미를 가지고 있다는 사실이 놀랍다.

신약성경은 하나님의 비밀이 예수 그리스도임을 여러 차례 밝힌 바 있다. 교회는 주님의 몸이다. 성령시대에는 주님의 영이신 성령께서 주님의 몸된 교회를 통하여 하나님 아버지의 일을 이루어 나가고 계신다. 주님이 하나님의 비밀인 것처럼 주님의 몸인 교회 역시 주님의 비밀이라는 계시를 통하여 우리가 가지고 있는 믿음이 확장됨을 느낀다.

영광의 주님께서 주신 교회에 대한 계시를 우리는 매우 무겁게 받아들일 필요가 있다고 생각한다. 글쓴이는 이 교회에 대한 계시가 요한계시록을 통하여 '그 종들'에게 알려 주시려는 것들 중에서 중요한 비중을 차지하고 있는 것으로 받아들인다.

주님께서 교회에 주신 계시를 자세히 살펴보면 우선 눈에 띄는 것이 교회를 교회의 사자와 교회로 구분하신 것이다.

영광의 주님은 일곱 교회의 사자를 일곱 별로 계시하셨다. 그 별은 NIV 영어성경 표현에 따르면 오른손 안에 있다. 교회의 사자가 주님의 오른손 안에 있다는 말씀의 의미를 곰곰이 씹어 보면, 교회의 사자는 주님의 능력 안에, 인도하심 안에, 보호하심 안에 있다는 것을 깨닫게 된다.

교회의 사자가 별이라는 계시는 어떤 뜻일까. 동방 박사들에게는 별이 주님께로 인도하는 길잡이와 같았다. 이 의미를 그대로 받아들이면 교회의 사자에게는 주님을 알지 못하는 자들을 주님께로 인도하는 길잡이의 역할이 있다는 뜻이 아닐까. 죄악이 관영하여 암흑천지가 된 세상에 밝은 빛 하나 떠올라 어두움의 굴레를 벗어나려고 발버둥치는 이들에게 주님의 빛을 비춰주는 그 별이 바로 교회의 사자라는 뜻이 아닐까.

세상에서 별로, 별빛으로 사는 것, 자신이 발광체가 아니라 주님의 빛을 받아서 세상을 향하여 반사하는 것, 그것이 신실한 주님의 교회 사자의 모습일 것이다. 어두운 밤에 별은 떠올라야 한다. 비록 그 빛이 미미하여 세상의 어두움을 완전히 쫓아내지 못하여도 하늘에 그 별이 있어야 하는 것이다.

영광의 주님은 교회의 사자들을, 교회의 지도자들을 하늘의 'Star'로 세우셨다. 눈물 없이는 따라 걸을 수 없는 주님의 길을 쫓는 교회 지도자들에게 주님이 주신 위로요, 선물이다. 신비요 비밀이다.

교회의 사자가 주님의 신비요 비밀이듯이 교회도 그러하다. 교회의 비밀은 금 촛대에도 숨어있다. 주님은 일곱 금 촛대가 일곱 교회임을 밝히셨다.

주님은 생명의 빛이시다. 어두움을 드러내고 암흑을 쫓아내는 촛불이요, 등불이시다. 교회는 그 촛불을 위한 촛대요, 그 등불을 위한 등잔이다. 주님의 생명의 빛을 흑암을 향하여 비추도록 세상을 향하여 견고하게 서 있어야 한다. 세상을 향하여 서 있지 않은 교회는 이미 교회의 존재가치가 없는 것이다.

교회는 단순한 촛대가 아니라. 정금으로 만든 촛대이다. 금 촛대는 풍상에 녹이 슬지 않는다. 교회는 주님이 다시 오시는 그 날까지 죽더라도 변하지 않을 각오로 세상 앞에서 변절하지 않고 우뚝 서 있을 것이다. 곁에 계신 주님을 내몰라 하지 않는다면, 주의 사자들이 빛을 잃지 않는다면.

교회에 대한 계시를 통하여 주님은 두 가지 방법으로 교회를 어거하고 계심을 알 수 있다. 하나는 교회의 지도자를 세우셔서 그를 통하여 주님의 교회를 인도하는 것이다. 다른 하나는 직접 교회를 순회하시면서 교회를 지켜나가시는 것이다. 이러한 이중적 장치가 필요한 이유는 주님이 세우신 교회의 지도자를 못 믿어서도, 교회의 성도를 못 믿어서가 아닐 것이다. 교회의 온전함을 위하여, 완전함을 위하여 영적 싸움에서 교회가 승리하기 위한 능력을 부여하기 위한 주님의 지혜가 아닐까.

영광의 주님은 교회의 지도자는 주님의 오른손 안에, 교회는 주님의 곁에 두셨다. 교회의 사자가 교회보다 더 주님과 가까이 있다. 이처럼 영적으로도 주님과 더 가깝다. 교회의 사자의 영적 권위는 주님이 부여하신 것이기에 교회는 이를 인정하고 감사하게 받아들여야 하지 않겠는가.

일곱별과 일곱 금 촛대는 교회에 관한 계시이다. 나와 무관하지 않지만 우리가 속한 신앙 공동체에 우선적으로 주어진 계시이다. 그러하기에 이 신비한 비밀은 나만 받아서는 안 되고 내가 속한 교회 성도 모두가 받아야 될 진리의 말씀인 것이다.

적용에 앞서 한번 점검해 보자. 우리 교회가 그리고 한국 교회가 세상 앞에서 흔들림 없이 단단하게 서서 주님의 생명의 빛이 만천하에 드러나도록 보좌하고 있는가? 우리 교회의 지도자, 그리고 한국 교회의 지도자들이 어두운 밤하늘에 떠올라 찬연하게 빛을 발하고 있는가?

# 속히 일어날 일과 장차 될 일

| 하나님이 그에게 주사 반드시 속히 일어날 일들을
| 그 종들에게 보이시려고 (계1:1)

| 그러므로 네가 본 것과 지금 있는 일과 장차 될 일을 기록하라 (계1:19)

요한계시록 성경 독학에 있어서 제일 이해하기가 힘들었던 부분이 바로 위의 두 구절이었다. "반드시 속히 일어날 일들"이 무엇이며 "장차 될 일"이 무엇을 지목하는 것인가를 바로 이해하는 데 많은 어려움이 있었기 때문이다. 공부를 시작할 당시에는 잘 몰랐는데 지금은 이 두 요절 속에 묵시를 푸는 열쇠가 숨어 있다는 생각이 든다. 계1:1 말씀의 내용을 이해하기에 앞서 글쓴이를 혼돈스럽게 한 것은 뜻밖에도 단수냐 복수냐 하는 문제 때문이었다.

현재 흔히 사용하고 있는 개역개정 성경에는 "속히 일어날 일들"이라고 복수로 서술된 이 구절이 이전의 개역 한글판에는 "속히 일어날 일"로 단수로 되어 있다는 것을 알게 되었다. 이를 확인하기 위하여 영어 성경과 대조해 보았다. NIV에는 "what must soon take place"로 서술되어 단수와 복수와의 구분이 어려운 반면 KJV, NASB 에는 모두 이 부분을 복수로 서술하고 있었다.

사실 우리말은 단수, 복수를 확연하게 구분하지 않는 습관이 있다. 따라서 과거 우리말 성경은 단수, 복수를 명확하게 구분하지 않고 번역 하였다가 최근 판에는 이를 명확하게 구분하여 복수로 구분하여 명기 하지 않았을까 하고 추측해 보았다.

그러나 글쓴이는 과거 성경이 이 구절을 단수로 번역한 것이 그 나름 대로 의미가 있었을지도 모른다는 생각을 하였다. 과거 번역자들은 아 마도 "반드시 일어날 일들" 중에서 "속히 일어날 일"이 따로 있다고 구 분하여 생각하지 않았을까. 그래서 일어날 여러 가지 일도 중요하지만 그중에서 속히 일어날 일 하나가 제일 중요하다고 생각되었기에 이를 단수로 표기한 것은 아닐까.

이러한 추정을 하면서 이 요절 말씀을 그런대로 이해하였다고 넘어 갔는데 또다시 이와 유사한 문제를 만나 다시 고민하게 되었다. 그것은 계 1:19 말씀 때문이었다.

계1:19 말씀에서 "장차 될 일은" 단수처럼 혹은 단수, 복수의 구분 이 안 되는 것처럼 기술되어 있다. 이전 개역 한글판의 구절과 달라 진 것이 없었다. NIV 역시 단수, 복수의 구분이 없었다. 그러나 KJV, NASB는 복수로 구분하여 기술되어 있었다.

그러면 "반드시 속히 일어날 일들"은 무엇이며 또 "장차 될 일은" 무 엇인가? 개역개정판 번역자들은 '속히 일어날 일'은 '일들'이라고 복수로 고쳤으면서 '장차 일어날 일'은 왜 단수로 그대로 두었을까?

그렇다면 우리말 성경 번역자들은 '속히 일어날 일들'과 '장차 될 일' 은 전혀 다른 일로 이해하였던 것인가? '속히 될 일들'이 과연 장차 일 어날 일과는 다른 것일까? 다르다면 어떻게 다른가? 영어 성경 번역가 들은 또 어떻게 이 일들을 이해하고 있는 것일까?

정말 질문과 의문은 끊임이 없었다. 성경을 조금만 깊이 파고 들어가면 의문에 의문이 더하여 생긴다. 차라리 이러한 의문이 없었을 때가 더 좋았다는 생각까지 들게 되었다.

이 난제를 풀 방법은 없을까? 해답은 무엇일까?

글쓴이는 이 난제(글쓴이에게는 정말 난제였다)를 푸는 실마리를 히브리어의 시제(時制)에서 찾을 수 있었다. 히브리어 시제는 두 가지밖에 없다고 한다. 완료태(完了態)와 미완료태(未完了態)가 그것이다. 이 둘의 구분은 시간에 따른 것이 아니고 동작의 완료 유무에 따른다. 동작이 완료되었으면 완료태, 완료되지 않았으면 미완료태이다.

히브리어 시제의 구조를 통하여 고대 히브리인들의 생각을 엿볼 수 있었다. 그들의 신앙과 철학을 가늠할 수 있었던 것이다. 하나님이 없는 사람들에게는 시간은 과거와 현재와 미래로 구분될 수 있다. 그러나 하나님을 믿는 사람들에게는 그 미래가 의미가 없는 시간일 뿐이다.

현재의 연속된 시간으로서의 미래는 있을 수는 있겠지만 그것은 내가 어떻게 한다고 해서 달라질 수 있는 시간이 아니어서 그렇다. 이는 비관론적 운명론에서 나온 것이 아니라 미래는 나에게 달려 있는 것이 아니라 하나님의 손에 달려있다는 신앙에서 나온 것이다.

이러한 관점에서 보면 세상사는 두 가지로 구분된다. 하나님께서 이미 이루어 놓으신 것과 아직 이루어 놓지 않으신 것이다. 완료태와 미완료태가 바로 그것이다.

이방인이었던 우리들이 예수 그리스도를 하나님의 아들로 믿은 후 우리들은 지식에까지 새로워졌다. 우리는 우리 조상들로부터 전수받은 언어를 여전히 사용하여 미래라고 표현한다. 그러나 거듭나기 전에 미래라고 표기했던 그 시간들은 거듭난 이후 비록 미래라는 같은 단어로 쓰였지만, 그 단어가 주는 의미는 천양지차(天壤之差)이다.

이러하기에 우리들에게 기존 단어를 사용함에 있어서 불편함이 생겼다. 새로운 생각을 담을 만한 새로운 단어가 필요한 것이다. 마치 고대 희랍인들이 물리적 시간을 의미하는 단어를 크로노스(χρόνος)로, 적당한 때를 의미하는 단어를 카이로스(καιρός)로 만들어 낸 것처럼 말이다.

지식에까지 새로워진 우리들은 이를 차용하여 우리의 시간을 크로노스로 하나님의 시간, 하나님의 그때를 카이로스로 구분하여 사용할 수 있을 것이다. 우리가 예상하는 미래의 어느 날, 어느 시간(크로노스)은 하나님의 그때(카이로스) 안에 있을 때 비로소 존재할 수 있는 시간이며 우리가 맞이할 수 있는 시간인 것이다.

미래가 우리의 것이 아니라 하나님의 것이라는 개념이 없으면 '속히 일어날 일'과 '장차 될 일'이 무엇인지를 정확하게 파악할 수 없을 것이다. '이제도 있고 전에도 있었고' 미래에 있을 자가 아니라 '장차 올' 자로 계시된 하나님에 대한 온전한 이해가 불가능할 것이다.

하나님의 자기 계시를 통하여 우리가 이해할 수 있는 그분이 완료하신 일과 미완료하신 일이 무엇일까.

완료하신 것은 '알파', '지금 있고 전에 있는' 것이다. 미완료하신 것은 '오메가', '장차 올' 것이다.

영광의 주님이 완료하신 일과 미완료하신 일은 무엇일까

완료하신 것은 '처음', '죽었다가 산 것', '사망과 음부의 열쇠를 가진' 것이다. 미완료하신 것은 '마지막'이다.

이러한 글쓴이의 믿음의 고백이 올바른 것이라면 '반드시 속히 될 일들'이나 '장차 될 일'은 '오메가'와 '마지막'에 속한 일일 것이다. '오메가'와 '마지막'에 속한 일들 중에서 제일 확실한 것은 무엇이겠는가. 전능자가 다시 오시는 것, 사망과 음부의 열쇠를 가지신 주님의 재림이지 않겠는가. 글쓴이는 그렇게 믿는다.

하나님의 그때인 카이로스가 되면 하나님은 미완료된 모든 것을 완료하실 것이다. 알파로 시작된 그 모든 일들이 오메가로 끝맺음 될 것이다. 사랑하시는 그 아들을 이 세상에 다시 보내시어 장차 오실 전능자의 모습을 천하 만민의 눈에 드러내실 것이다. 사망과 음부를 영원히 멸하실 것이다.

# 주님의 친서(親書)

> 이르되 네가 보는 것을 두루마리에 써서 에베소, 서머나, 버가모, 두아디라, 사데, 빌라델비아, 라오디게아 등 일곱 교회에 보내라 하시기로 (계1:11)

요한계시록을 공부하면서 이 성경이 형식상 매우 특이한 점이 있다는 것을 알게 되었는데 그중 하나는 전반부의 주요 내용인 소아시아 일곱 교회에 관한 계시가 편지 형식으로 기록되어 있다는 것이다.

그러므로 요한계시록은 사도 요한이 주님의 명령을 받아 대필한 편지, 주님의 친서라고 부를 수 있다는 생각이 들었다. 그러나 그 친서는 일곱 개로 작성되어 각 교회마다 한 편지씩 보내어진 것이 아닌 것으로 추정된다. 그 친서는 한 권의 두루마리에 기록되어 일곱 교회가 회람할 수 있도록 작성되었던 것이다.

회람용으로 작성된 까닭인지는 몰라도 마치 행정 문서처럼 편지의 형식 또한 같았다. 편지의 서두에는 편지를 받을 수신인이 구체적으로 명기되어 있었다. 이어서 편지를 보내는 발신인을 소개하고 있었다. 편지의 본문에는 수신인 즉 해당 교회가 처한 상황을 보시는 주님의 관점, 판단, 잘못에 대한 처방이 개별적으로 써있었다. 편지의 결어로 성령이 주시는 격려 메시지가 선포되어 있었다.

## 수신인

주님의 친서를 읽을 때 당혹스러웠던 것은 수신인이 교회의 사자(使者)로 표기되어 있는 것이었다. 선뜻 이해가 되지 않아서 영어 성경을 찾아보니 사자에 해당되는 단어는 angel 또는 messenger로 표기되어 있었다.

angel로 인하여 더욱 혼란스러웠다. 영적 존재인 천사에게 왜 굳이 편지라는 형식으로 하나님의 뜻을 전달하려고 하느냐 하는 것이다. 우리는 알 수 없지만 하나님께서 영적 존재인 천사들에게 자신의 메시지를 전달하는 방식은 종래에 해 왔던 방식을 그대로 하면 될 터였다. 그러므로 여기서의 angel을 영적 존재인 천사로 이해하는 것은 다소 무리가 있어 보였다.

그래서 messenger 단어가 뜻하는 바와 같이 보내심을 받은 자라고 가정해보았다. 사도 요한은 세례 요한을 '하나님께로부터 보내심을 받은 사람'(요1:6)이라고 표현한 바가 있었다. 이러한 용례를 볼 때 교회의 사자는 보내심을 받은 사람을 지칭한 것으로 이해되었다.

교회의 사자는 주님이 교회의 지도자로 보낸 사람인 것으로 정리가 되었다. 이렇게 정리를 하고 나니 또 다른 의문이 생겼다. 그 당시 일곱 교회의 지도자들은 분명 주님이 보내신 사람들이었다. 그런데 오늘날 교회의 지도자가 주님이 보낸 사람인지 아닌지를 어떻게 알 수 있느냐 하는 의문이 바로 그것이었다.

주님이 보내신 그 사자들은 과연 누구였을까? 이러한 궁금증이 없지 않았지만 편지에는 그 사자들의 실명이 명시되지 않고 있었다. 실명이 거론되지 않은 이유는 아마도 그 사람 자체가 중요한 것이 아니라 그가 영광의 주님 손에 붙들려 있다는 것이 중요하다는 의미가 아닐까.

그의 자질과 능력으로 인하여 그 자리에 있는 것이 아니고 오직 영광의 주님의 은혜에 의한 것임을 내포하는지 모른다.

## 발신인

편지의 발신인은 물론 영광의 주님이시다. 그런데 발신인에 관한 언급이 매우 특이하다고 생각되었다. 발신인인 주님에 대한 서술(글쓴이는 이를 주님의 새로운 칭호라고 부르기를 주저하지 않는다)이 몹시 독특하고 다양하다고 느껴졌다.

이 독특성은 사도 요한이 받은 주님에 대한 계시를 그대로 다시 적용하여 사용한 것에 기인된 것이다. 이로 계기로 주님에 대한 새로운 칭호가 널리 보급될 것이다. 또한 이 다양성은 주님에 대한 새로운 칭호들이 각 교회에 따라 달리 언급된 것에 의한다. 이러한 주님의 새로운 칭호가 가지고 있는 그 독특성과 다양성은 각 교회가 받은 주님의 은혜가 다르며 그 처한 상황에 대한 주님의 해결책 또한 같을 수 없다는 것을 나타내 보이고 있는 것처럼 느껴졌다.

## 맺음말

편지는 맺음말 대신에 마치 찬송가의 후렴처럼 성령께서 선포하는 메시지로 끝이 난다. "귀 있는 자는 성령이 교회들에게 하시는 말씀을 들을지어다" 가 바로 그것이다. 맺음말에서 특이한 것은 성령의 메시지가 각 편지의 수신인이 아니라 교회들에게 주신 것이라는 것이다. 또한 후렴이란 형식을 사용한 점과 성령의 메시지가 실제 각 교회의 상황과는 다소 연관이 없는 것처럼 보이는 점을 함께 고려하여 볼 때 성령의 메시지는 수신 교회는 물론이고 다른 여섯 교회에도 공히 적용된다는 것을 암시한 것처럼 느껴졌다.


## 한 두루마리에 쓰인 일곱 편지

편지는 일반적으로 문서와는 달리 사적인 내용을 다루기 마련이다. 내용이 사적인 것이기에 당연히 공개되어서는 안 되는 것이다. 그러나 일곱 교회에게 보내는 편지임에도 한 두루마리에 쓰여있다는 것은 그 내용이 공개되어도 좋다는 의미가 있을 것이다. 더 나아가서 함께 공유하라는 적극적인 뜻도 있을 것이다.

앞서 언급한 것처럼 편지의 말미에 끝맺는 말로서 '교회들에게 주시는 성령의 메시지'가 선포되는 것을 볼 때 이 편지는 처음부터 편지의 내용을 일곱 교회가 공유하는 것을 전제로 썼다는 것으로 이해되었다. 사실 이는 매우 효율적인 처사로 하나님의 지혜로 생각되었다.

이는 각 교회의 사정을 일곱 교회가 함께 알므로 그 어려움을 함께 나누고, 함께 대처할 수 있게 할 것이다. 물론 타 교회가 당하는 시험을 알게 되므로 이를 교훈으로 삼을 수도 있을 것이다. 또 그 어려움과 시험에 대한 주님의 처방을 배움으로 자신의 교회가 그와 비슷한 상황에 처했을 때 신속하게 대응하고 처리할 수 있게 될 것이다.

이러한 이해들을 통하여 타 교회 어려움이 우리 교회의 어려움이요 우리 교회의 시험과 환란이 타 교회의 시험과 환란이 될 수 있다는 교훈을 깨달을 수 있었다. 한 두루마리에 쓰인 일곱 편지는 주님이 교회를 어떻게 보고 계시는가, 어떻게 다루시는가를 잘 드러내고 있었다.

일곱 편지를 통하여 교회에 대한 이해가 확장되었다. 이제 남은 일은 선포된 말씀으로 우리 믿음의 공동체를 건실하게 하는 것이다. 어떤 교회는 몇몇 부분만을 고치면 될 것이다. 경우에 따라서는 교회를 다시 세우는 수준으로 창조적 파괴가 필요할지도 모른다.

물론 교회에 대한 새로운 계시의 공유가 교회의 사자와 성도 사이에 있어야 할 것이다. 이제 다시 시작이다. 시작은 항상 새롭고 분명 가치가 있는 일이다. 그것이 주님이 원하시는 일이 맞다면 말이다.

# 처음 사랑을 버린 교회

> **|** 그러나 너를 책망할 것이 있나니 너의 처음 사랑을 버렸느니라 (계2:4)

에베소 교회의 사자는 주님의 친서를 받았다. 그 편지를 받고 얼마나 감격하였을까. 아마 손이 떨려 제대로 두루마리를 펼치지 못했을 것이다.

친서는 분명 자신에게 보내진 것이었다. 자신의 이름 석 자는 명기되어 있지 않았지만 친서의 서두에는 '에베소 교회의 사자에게'로 되어 있었던 것이다. 아, 주님 감사합니다. 주의 종에게 이렇게 은혜를 베푸시는군요, 하고 감격했을 것이다.

편지에서 영광의 주님은 스스로 "오른손에 일곱별을 붙잡고 일곱 금 촛대 사이를 거니시는 이"라고 칭하셨다. 에베소 교회의 사자는 주님의 이러한 새 칭호가 매우 낯설었지만 주님의 친서를 받았다는 생각에 압도되어 다른 생각을 할 겨를이 없었다. 편지의 내용이 궁금하여 속히 읽어 내려갔던 것이다.

에베소 교회 사자는 그만 감격의 눈물을 흘리고 말았다. 영광의 주님께서 그가 한 신앙 행위와 많은 사역들 그리고 그가 감당해야 할 인내를 아신다고 말씀하셨기 때문이었다. 격려는 거기서 끝나지 않았다. 악한 자들을 용납하지 않은 것, 거짓 사도들을 밝혀낸 것들, 주의 이름을 위하여 참고 견딘 것, 게으르지 않은 것들도 다 아신다고 말씀하셨던 것이다.

교회가 했던 그 수많은 신앙행위들, 아니 주님의 이름을 위해 했던 그 모든 믿음의 행위들을 다른 사람들은 몰라도 영광의 주님께서는 다 아신다니! 주님의 이 위로 한마디로 인하여 그는 자신 속에서 말할 수 없는 새 힘이 솟아 나옴을 느꼈다.

친서의 전반부를 읽으면서 글쓴이는 에베소 교회의 사자의 입장이 되어 위와 같은 상상을 해보았다. 그런데 이러한 은혜로운 상상을 사정없이 깨뜨린 것은 이어진 주님의 책망의 말씀이었다.

"처음 사랑을 버렸느니라"는 말씀은 사실 주님의 책망을 느끼기에 앞서 무척 생경하다는 느낌을 주었다. 만약 그 말씀이 "첫사랑을 잃어버렸느니라."고 되어있었다면 그런 느낌은 들지 않았을 것이다.

우리말 성경 번역자들은 왜 첫사랑이라고 번역하지 않았을까.

사실 첫사랑이란 단어는 분명 의미가 쉽게 드러나 소통 차원에서는 우선적으로 선택될 수 있을 것이나 문제는 너무 통속적인 것이어서 신선미가 없다는 것이다. 이에 비해 처음 사랑이라는 단어는 우선 생소할 정도로 새로운 단어이다. 그래서 우리가 주님을 믿게 되었을 때 하나님에 대한 우리의 사랑을 연인 사이에 있었던 첫사랑과 구별하는 의미로 처음 사랑이라고 번역하였다면 이는 정말 탁월한 것이었다.

이해가 여기까지 도달하였어도 이 말씀이 주는 생경한 느낌은 여전히 남아 있었다. 그것은 처음 사랑을 잃어버린 것이 아니라 버렸다고 되어 있었기 때문이었다. 잃어버렸다는 것은 수동적인 의미이다. 잃어버려서는 안 되는 것을 부주의로 혹은 자신이 모른 상태에서 잃게 되었을 때 사용하는 표현이다. 이에 비해 버렸다는 것은 능동적인 뜻이다. 내가 자의로 필요 없게 된 것을 없애거나 나의 시야에서 사라지게 하는 행위를 말한다.

글쓴이가 그러하였던 것처럼 에베소 교회의 사자는 이 말씀을 듣고 심한 충격에 빠졌을 것이다. 아니 더 심한 패닉 상태가 되었을 것이다. 우리 중 그 누구도 우리 주님에 대한 처음 사랑을 잃어버렸다고 생각하지 '버렸다고' 생각하는 사람은 아무도 없을 것이기 때문이었다.

그러나 주님은 버렸다고 단정하셨다!

그렇다면 우리와는 달리 과연 에베소 교회의 사자는 처음 사랑을 의도적으로 버렸을까? 아마도 그렇지는 않았을 것이다. 에베소 교회 사자 역시 하나님에 대한 사랑이 혹 조금 식었으면 몰라도 한 번도 그 사랑을 버렸다고 생각한 적이 없었을 것이다. 그러나 그것은 에베소 교회 사자의 생각일 뿐이었다.

영광의 주께서는 에베소 교회의 사자가 처음 사랑을 버렸다고(You have forsaken your first love) 단언하셨다. 예배소 교회의 사자를 끔찍하게 사랑하시는 주님께서 자신이 그로부터 버림을 받았다고 단언하셨다! 주께서 단언한 것을 그 누가 아니라고 할 것인가?

에베소 교회 사자가 한 번도 그렇게 생각한 적이 없었는데 영광의 주께서는 그렇게 생각하셨던 것이다.

"내가 주님에 대한 사랑을 버렸다니"
"내가 그 처음 사랑을 버렸다니"
"내가 주님을 버림받게 하였다니"

당신은 첫사랑의 연인을 버린 적이 있었는가?
당신은 첫사랑으로부터 버림을 받은 적이 있었는가?

주님의 이 말씀은 나 자신을 향한 화살이 되어 내 가슴에 박혔다. 그러나 이 글의 주제는 에베소 교회의 사자가 받은 책망이기에 글쓴이의 아픔을 이 글에서 언급하는 것은 적당하지 않을 것이다. 글쓴이는 용기를 내어 내가 속한 교회, 더 나아가서 한국 교회를 향해 소리쳐 보려고 한다.

형제자매들이여,
주님께서 말씀하셨습니다.
우리들이 주님을 버렸다고.
주님이 우리 교회한테, 한국 교회한테 버림받았다고!

# 고난받는 교회

> 너는 장차 받을 고난을 두려워하지 말라 볼지어다 마귀가 장차 너희 가운데에서 몇 사람을 옥에 던져 시험을 받게 하리니 너희가 십 일 동안 환난을 받으리라 네가 죽도록 충성하라 그리하면 내가 생명의 관을 네게 주리라 (계2:10)

서머나 교회의 사자는 주님의 친서를 받았다. 그 친서에서 영광의 주님은 자신을 '처음이요 마지막이요 죽었다가 살아나신 이'로 계시하셨다. 이어서 친서에는 교회의 사자에게 주시는 격려의 말씀이 있었다. 그것은 교회의 사자(혹은 교회)가 받는 환란과 궁핍에 관하여 주님은 알고 계신다는 것이었다. 그렇다. 주님의 교회에 대해 주님만큼 잘 아는 사람이 있을까.

주님은 교회가 처한 어려움에 대해 말씀하셨다. 교회가 현재 궁핍함에 처해있지만 실상은 부요하다고 하셨다. 그러나 우리들의 예상과는 달리 주님은 교회의 궁핍을 없애고 지금 당장 부요하게 해 주겠다고 약속하지는 않으셨다.

그렇다면 부요한 자라고 하신 것은 격려 차원에 하신 위로의 말씀에 불과한 것이었을까. 현실은 분명 궁핍한데 부요한 자라는 계시는 무슨 의미일까? 이러한 의문은 있었지만 주님의 계시는 계속 선포되고 있었다.

주님은 장차 받을 고난을 두려워하지 말라고 하셨다. 고난은 마귀가 제공한 것임을 가르쳐 주셨다. 이어서 성도 몇 사람을 옥에 던져 시험 받게 할 것이며 십 일 동안 환란을 받게 될 것도 알려 주셨다.

우리들 생각에는 고난이 예상되나 고난이 생기지 않도록 교회를 보호해 주시겠다는 예언을 해 주셨으면 더 좋을 것 같지만 주님의 생각은 우리의 생각과 다르셨다. 서머나 교회가 그 고난을 돌파하는 것이 주님의 뜻이었던 것이다. 교회가 마귀의 시험을 이기고 환란을 이겨내기를 주님이 원하시는 것이었다.

이러한 관점에서 추론해 보면 주님이 교회의 사자에게 예언을 주신 것은 앞으로 이러 이러한 일들이 생길 것이니까 미리 대비하라는 뜻보다는 마귀의 시험을 이겨내라는 주님의 의중을 드러내려 함이었던 것이다. 그러나 교회가 힘을 잃지 않도록 그 시험을 이길 수 있는 방법 또한 가르쳐 주셨다. 그것은 뜻밖에도 주님에 대한 죽기까지의 충성이었다. 주님은 마귀가 교회를 고난에 빠지게 하려는 것은 궁극적으로 교회의 사자(혹은 교회)가 가지고 있어 왔던 주님에 대한 충성도를 견지하는가를 시험하는 것으로 본 것이 아닐까.

마귀는 집요하고 간교하기는 하지만 그 전술과 전략은 항상 일정하다. 마귀가 욥의 전 재산과 자녀를 빼앗으면서 욥의 믿음을 시험했듯이 서머나 교회의 사자(혹은 성도)를 옥에 가두어 그들의 믿음을 시험하였다.

욥은 자신의 전 재산은 물론 자녀들을 잃는 극심한 고통 속에서 하나님을 향한 믿음을 잃지 않았다. 주님은 이러한 욥의 신앙보다 한 단계 더 나아간 신앙을 서머나 교회에게 요구했다. 그것은 죽음을 각오하고 믿음을 지키는 신앙이었다.

서머나 교회의 사자가 주님으로부터 '죽도록 충성하라'는 메시지를 받았을 때 그는 무엇을 생각하였을까. 성령은 그에게 어떤 감동을 주었을까.

주님에 대한 믿음을 저버리지 않겠다는 각오를 새롭게 한 것은 어쩌면 당연한 것이었을 것이다. 그것뿐이었을까. 그는 교회의 지도자였다. 지도자는 교회를 지키고 수호할 임무를 받은 사람이다. 교회를 이 극심한 환란에서 지켜내겠다는 다짐을 하지 않았을까. 성도들을 믿음에서 떨어지지 않도록 기도하고 격려하며 하나님 앞에 드려지는 예배가 중단되지 않고 지속적으로 아니 전보다 더 뜨겁게 드려지도록 열성을 다해 하나님 앞에 매달리지 않았을까.


서머나 교회는 사탄의 시험을 이겨내어 승리하였을까.

글쓴이는 당연히 승리하였으리라고 생각한다. 앞날이 어떻게 될 것인지 모르면 두렵고 두려우면 마귀의 시험에 질 가능성이 많다. 그러나 서머나 교회 지도자는 그 앞날이 어떻게 될 것인지에 관한 계시를 받았다. 그러한 예언을 받았음에도 불구하고 시험에 졌다면 말도 안 되는 것이다. 믿음이 없는 것이다.


글쓴이는 서머나 교회의 사자에게 주신 주님의 계시로 인하여 많은 것을 깨달았다. 교회가 고난을 받는 것도 주님의 뜻이라는 것이다. 그러한 고난을 잘 이겨내어 하나님을 영광스럽게 하길 원하신다는 것이다. 고난을 이겨내는 비법은 따로 없었다. '죽도록 충성하라'는 명령을 지키는 것이었다. 그것은 주님이 십자가 죽음으로 실제로 적응하여 승리하신 그 방법이었다.

글쓴이가 이러한 믿음을 가지게 되니 주님이 서머나 교회의 사자에게 부요한 자라고 하신 말씀도 자연스럽게 이해가 되었다. 그것도 주님의 예언이셨다. '처음이요 마지막'이신 주님이 부요한 자라고 선포하면 부요한 자인 것이다. 비록 지금은 궁핍할지라도 나중은 분명 부요한 것이다.

환란을 죽기까지 충성함으로 돌파하는 것은 여간 어려운 일이 아니다. 순교를 각오해야 하는 것이기 때문이다. 그러나 주님은 "죽었다가 살아나신 이"이시다. 주님이 죽었다가 살아나신 것처럼, 주 안에서 죽은 자는 주님처럼 살아날 것이다. 이 부활의 신앙이 있다면 무엇을 못 하겠는가. 죽음을 넘어 설 수 있지 않겠는가(주여, 이 믿음을 이 글을 쓰고 있는 자에게도 주소서).

서머나 교회는 환란과 궁핍을 죽도록 충성하는 믿음으로 돌파하여 주님으로부터 생명의 관을 받는 영광스러운 자리에 초대되었다. 그러나 그 환란과 궁핍보다도 더 힘든 것이 있다. 그것은 이러한 영광스러운 싸움에 교회가 초대받지 못하는 것이다. 마귀의 상대조차 되지 못하는 교회라면 그 교회는 이 땅에서 무슨 일을 할 수 있겠는가. 혹 내가 속한 교회가, 한국 교회가 바로 그러한 교회는 아닌가?

# 거짓 교훈을 좇는 교회

> 그러나 네게 두어 가지 책망할 것이 있나니 거기 네게 발람의 교훈을 지키는 자들이 있도다 발람이 발락을 가르쳐 이스라엘 자손 앞에 걸림돌을 놓아 우상의 제물을 먹게 하였고 또 행음하게 하였느니라 (계2:14)

버가모 교회의 사자는 주님의 친서를 받았다. 영광의 주는 '좌우에 날 선 검을 가지신 이'로 자신을 계시하셨다. 버가모 교회는 정말 어려운 환경에 있는 교회로 여겨진다. 교회가 사탄이 활개 치는 곳에 위치해 있었기에 많은 시험이 있었다. 특히 교회의 지도자인 안디바가 순교를 당하는 일까지 있었다. 그럼에도 불구하고 주님에 대한 믿음을 져버리지 않은 믿음의 교회였다.

이러한 굳건한 믿음의 행동이 있었음에도 주님의 책망을 받았다. 그것은 교회 안에 발람의 교훈과 니골라 당의 교훈을 좇는 자들이 있었기 때문이었다. 발람의 교훈이란 우상의 제물을 먹는 것과 행음하는 것이었다. 니골라 당의 교훈 또한 음행과 육체적 방종을 해도 된다는 것으로 알려져 있다.

지금 생각하면 얼토당토않은 교훈들을 당시 버가모 교회 성도는 왜 추종했을까. 아니 버가모 교회의 사자는 주님의 가르침과 배치하는 행위들을 하는 성도가 있다는 것을 몰랐을까. 알고 있었지만 그 정도는 문제가 안 된다고 생각하였을까. 성도에게 그들의 잘못을 적시하고 돌이킬 것을 권고하였으나 그들이 거부하였을까.

주님께서 버가모 교회의 사자에게 주신 계시는 두 가지였다. 하나는 회개하라는 것이었고 다른 하나는 주님이 친히 교회(혹은 교회의 사자)에게 가서 말씀으로 그들과 싸우시겠다는 것이었다.

글쓴이에게 두 번째 계시가 먼저 주목되었다. 교회가 회개하지 아니하면 주님이 친히 교회에 속히 오셔서 말씀으로 그들을 다스리겠다는 선언 속에 그들이 평소 교회 사자의 말씀에 극렬히 저항하였다는 느낌을 받았다. 교회의 사자가 주일마다 하나님 말씀을 선포하며 성도 중에 잘못된 교훈을 쫓는 자들이 있음을 지적하고 그들의 회개를 촉구하였음에도 그들은 사자의 권고를 무시하였던 것은 아닐까.

어쩌면 이 주님의 친서는 잘못된 교훈에서 벗어나기를 거부하고 있는 성도들(이들이 불신자가 아니라 성도라는 사실을 결코 놓치지 않아야 한다)에게 주어지는 마지막 경고장인지 모른다. 주님이 친히 회개하라고 촉구하였는데 그 말씀을 순종하지 않는다면 그 성도는 성도가 아닌 것으로 보아야 하지 않겠는가.

처음 계시로 돌아가자.

주님은 버가모 교회의 사자에게 '회개하라'고 하셨다. 그는 무엇을 회개하였을까. 강단에서 주님의 말씀을 더 강력하게 외치지 못한 것을 회개하지 않았을까. 못된 교훈을 쫓는 성도에게 찾아가서 그들에게 진지하게 주님의 말씀을 가르쳐 주지 못한 것을 회개하지 않았을까.

주님은 또한 버가모 교회의 성도에게 '회개하라'고 하셨다. 그들은 무엇을 회개하였을까. 거짓 교훈에 현혹되어 잘못된 것임을 인정하지 않고 행하였던 그 수많은 죄들을 회개하지 않았을까. 주위에 잘못된 교훈을 쫓는 성도들에게 다가가서 그것들에서 벗어나기를 강권하지 못한 것을 회개하지 않았을까.

발람과 니골라 당의 교훈은 지금 우리들의 눈으로 보면 진리가 아닌 비진리, 명백한 거짓 가르침이다. 특히 발람의 가르침은 교회의 순결을 더럽히는 것으로 우상의 제물을 먹는 것과 행음을 허락한 것이다. 이러한 눈에 보이는 거짓 가르침임에도 불구하고 교회가 이것에 현혹될 수 있다는 사실이 우리를 전율케 한다. 아, 우리가 속한 교회도 저렇게 취약할 수 있겠구나.

과거 버가모 교회에 있었던 행음과 방종이 드러난 것이었다면 오늘날 일부 성도들은 행음을 숨어서 하고 있는지도 모른다. 우상의 제물은 먹지 않겠지만 음행하는 일은 그때와 지금 차이가 없을지도 모른다. 만약 이러한 글쓴이의 추정이 사실이라면 주님의 친서는 바로 우리가 속한 교회에게 주신 것이다. 버가모 교회의 사자(혹은 교회)에게 비수같이 날아와 꽂힌 "회개하라"는 주님의 말씀은 우리가 속한 교회, 한국 교회에 주어진 예언이기도 하다.

# 거짓 지도자를 용납한 교회

> 그러나 네게 책망할 일이 있노라 자칭 선지자라 하는 여자 이세벨을 네가 용납함이니 그가 내 종들을 가르쳐 꾀어 행음하게 하고 우상의 제물을 먹게 하는도다 또 내가 그에게 회개할 기회를 주었으되 자기의 음행을 회개하고자 하지 아니하는도다 (계2:20-21)

두아디라 교회의 사자는 한 두루마리에 기록된 주님의 일곱 친서를 받았다. 그가 받은 친서에는 영광의 주님은 "그 눈이 불꽃같고 그 발이 빛난 주석과 같은 하나님의 아들"이라고 계시되어 있었다.

두아디라 교회도 에베소 교회와 버가모 교회처럼 믿음의 좋은 행위들이 많은 좋은 교회였지만 주님으로부터 책망을 받았다. 교회의 사자가 책망을 받은 이유는 거짓 선지자 이세벨을 용납한 것이었다. 교회에 들어온 그녀는 성도를 꾀어 행음하게 하고 우상의 제물을 먹은 죄를 범하게 하였다.

글쓴이는 우리말 성경의 표현 방식으로 말미암아 괜한 의문을 가졌었다. 본문을 읽는 중 21-23절에 나오는 '그'가 누구를 지칭하는가, 라는 의문이 생겼던 것이다.

문맥으로 보아 분명 거짓 선지자 이세벨을 말하는 것 같은데 '그'라는 단어를 사용한 것이 혹 다른 의미가 있는 것이 아닌가 하는 생각이 들었기 때문이다. 이를 확인하고자 영문성경의 해당 본문을 읽어 보았다. 우리말 성경에서 '그'에 해당되는 단어는 영어성경에서는 'her'로 되어 있었다. 다른 의미가 있는 표현이 아니었던 것이다.

물론 우리말 문법상 여자를 지칭하는 인칭대명사로서 '그'라는 단어를 사용할 수는 있다. 그러나 '그녀'라는 인칭대명사를 사용하는 것이 일반적이다. 안 그래도 본문 말씀을 이해하기가 어려운데 특별한 이유 없이 통상적인 표현 방법을 놔두고 혼돈을 초래할 여지가 있는 표현을 사용한 번역은 지양되어야 한다고 생각되었다.


처음에는 두아디라 교회(혹은 사자)와 버가모 교회 (혹은 사자)의 잘못이 너무 흡사한 것처럼 보여 사실 잘 구분할 수 없었다. 이는 그들이 쫓았던 거짓 가르침이 비슷하기 때문이었다. 주님의 종들을 꾀여 행음하게 하고 우상의 제물을 먹게 하는 것이 그러하였다.

그러나 두 교회에 대한 계시를 자세히 읽어 보니 교회에 끼친 해악이 확연히 다른 것임을 알게 되었다. 즉 버가모 교회에서는 발람의 교훈을 받아들인 자들(안타깝게도 그들도 버가모 교회의 성도이다)이 그 잘못된 교훈을 다른 성도에게는 퍼뜨리지 않은 것처럼 보였다.

이에 반하여 두아디라 교회에서는 이세벨의 거짓 가르침에 꾀임을 받은 성도가 새로 생겨났다는 것으로 이해되었다. 거짓 가르침이 교회 안에서 확산되었다는 것을 알 수 있었다. 더 심각한 문제는 바로 그 단초를 교회의 사자가 제공해 주었다는 점이었다.

교회의 지도자가 교회에서 거짓 교훈을 가르친다면 그것은 여간 심각한 문제가 아닐 수 없다. 교회의 순결을 위해 그녀를 당장 내 쫓아야 할 것 같은데 주님은 그녀에게 회개를 촉구하며 회심할 기회를 먼저 주셨다. 그러나 그녀는 자기에게 주어진 마지막 구원의 손길을 저버렸다. 회개할 기회를 주었음에도 회개하기를 거부하는 자에게 영광의 주님이 주실 수 있는 것은 심판 외에는 없다. 주님은 그녀가 받을 심판을 적시하셨다. 주님은 이세벨을 침상에 던진다고 하셨다.

여기서 글쓴이는 또 의문이 생겼다. 침상에 던진다는 것은 무엇을 뜻하는 것일까. NIV 성경은 침상을 'a bed of suffering'이라고 표현하였다. 침상은 그녀가 성도를 꾀어 간음한 현장이요 남아 있는 물증이다. 그녀가 그 침상 위에서 죄악의 쾌락을 즐겼다면 이번에는 바로 그 침상이 죄악의 고통을 당하는 형벌의 장소가 되도록 하겠다는 의미로 이해되어졌다.

회개하기를 거부한 죄까지 범한 이세벨에 대한 형벌은 그녀에게만 국한되지 않았다. 이세벨의 자녀에게도 벌이 주어졌다. 그들이 죽임을 당할 것이라는 것이다. 이처럼 주님의 심판과 진노는 무서운 것이다.

이세벨의 거짓 가르침에 현혹되어 그 가르침을 좇아 그녀와 행음한 자들은 어떻게 될 것인가? 영광의 주님은 그들에게도 회개의 기회는 주신다. 만약 그들 또한 회개하지 않는다면 엄청난 고통을 당하게 될 것임을 예언하셨다.

영광의 주님은 이세벨의 죄에 대해서 얼마나 분노하셨는지 다음과 같이 외치셨다.

> 모든 교회가 나는 사람의 뜻과 마음을 살피는 자인 줄 알지라. 내가 너희 각 사람의 행위대로 갚아 주리라 (계2:23)

불꽃같은 눈, 빛나는 주석과 같은 발을 가지신 하나님의 아들 앞에 성도로 하여금 범죄하게 하는 죄를 짓고도 회개하기를 거부하는 자가 설 자리는 없다. 우리 교회 내에도 그러한 자가 없는가. 성결한 교회를 더럽히는 거짓 지도자가 한국 교회 내에는 없는가.

# 잠자는 교회

| 네가 살았다 하는 이름은 가졌으나 죽은 자로다 (계3:1)

사데 교회의 사자는 주님으로부터 친서를 받았다. 그 친서에서 주님은 자신을 '일곱 영과 일곱별을 가지신 분'으로 계시하셨다. 사데 교회의 성도 중에 깨어있는 사람이 없는 것은 아니었지만 주님으로부터 칭찬과 격려를 받지 못하였고 처음부터 책망을 받은 교회로 여겨졌다. 왜 그렇게 되었을까.

사데 교회의 사자가 주님으로부터 책망을 받은 것은 (신앙)행위 때문으로 이해되었다. 하나님 앞에서 그 신앙행위가 온전하지 못했기 때문이었던 것 같았다. 그런데 말씀을 자세히 읽어 보아도 사데 교회의 사자의 그 신앙 행위가 구체적으로 어떻게 잘못되었는지 적시되어 있지 않았다. 그는 무슨 잘못을 하였을까.

주님은 사데 교회가 살았다 하는 이름은 가졌으나 죽은 자라고 꾸짖었다. 그리고 일깨어 그 남은 바 죽게 된 것을 굳건하게 하라고 명령하셨다. 이 구절에서 '일깨다'라는 단어의 정확한 뜻을 잘 알 수 없어 사전을 찾아보았다. '일깨다'는 동사로서 잠을 일찍 깨다는 뜻이었다. 영어 성경에는 이 부분이 'Wake up!' 혹은 'Be watchful'로 되어 있었다.

천·묵·기·통 요한계시록

주님께서 사데 교회의 사자에게 하신 말씀을 살펴볼 때 사데 교회의 신앙행위는 살아있지 못하고 죽은 것 같이 보이는 것, 잠자는 것처럼 보였던 것 같다. 교회가 죽은 것 같이, 잠자는 것 같이 보인다는 것은 교회가 역동성을 잃어버린 것, 성장이 멈춰버린 것, 교회가 생명의 열매를 맺지 못한 것을 의미하는 것이 아닌가 생각되었다. 주님의 처방은 단호하였다. 그것은 "그 남은 바 죽게 된 것을 굳건하게 하라"는 것이었다.

그 남은 바 죽게 된 것이 무엇일까. 사데 교회의 (신앙) 행위가 하나님 앞에서 온전하지 못한 것은 분명하고 주님 보시기 죽은 것 같이 보이지만 그래도 아직 온전한 부분과 죽지 않고 살아 있는 부분이 조금 남아 있다는 것을 깨우쳐 주신 것은 아닐까. 그 남아 있는 부분마저 죽지 않도록 하라는 의미로 이해되었다.

그 사데 교회처럼 우리 교회도 죽은 것 같이 보이지는 않는가. 한국 교회도 잠자는 것 같이 보이지는 않는가. 사데 교회가 일깨기를 촉구하셨던 성령님은 동일하게 외치고 계신다.

깨어라 교회여!
우리 교회여,
한국 교회여.

# 인내의 말씀을 지킨 교회

> 내가 속히 오리니 네가 가진 것을 굳게 잡아 아무도 네 면류관을 빼앗지
> 못하게 하라 (계3:11)

빌라델비아 교회의 사자는 영광의 주님이 보내신 친서를 받았다. 친서를 통하여 주님이 그에게 주신 계시를 받았다. 그것은 주님이 "거룩하고 진실하사 다윗의 열쇠를 가지신 이 곧 열면 닫을 사람이 없고 닫으면 열 사람이 없는 그"라는 것이었다.

빌라델비아 교회의 사자는 그 말씀이 무슨 뜻인지 몰라 어리둥절할 사이도 없이 놀라고 말았을 것이다. 다른 교회의 사자들은 주님의 칭찬과 격려에 이어서 책망을 받았는데 반하여 그는 복된 약속의 말씀을 먼저 받았기 때문이다.

주님은 그에게 "볼지어다. 내가 네 앞에 열린 문을 두었으되 능히 닫을 자가 없으리라"라고 하셨다. 이 구절에서 열린 문은 무엇을 말하는 것일까. 사도 요한은 하늘의 열린 문을 통하여 하늘로 올라갔다. 주님이 말씀하신 열린 문은 바로 그 천국의 열린 문을 말하는 것일까.

'능히 닫을 자가 없으리라' 하신 말씀은 또 무슨 뜻일까. 혹 이 말씀은 빌라델비아 교회의 사자(혹은 빌라델비아 교회)로 말미암아 많은 사람들이 천국에 입성할 것을 예언하는 것인가.

교회의 궁극적인 목표가 하나님을 알지 못하는 사람들로 하여금 하나님의 자녀가 되게 하는 것, 즉 천국에 입성하게 하는 것이라고 한다면 빌라델비아 교회의 사자(혹은 교회)는 가장 충실하게 임무를 다한 주님의 종이 될 것이다.

이러한 이해가 바른 것이라면 빌라델비아 교회의 사자(혹은 교회)는 어떻게 해서 이렇게 귀한 복을 받게 되었을까. 이어지는 주님의 말씀 속에 그 이유는 쉽게 드러나 있었다. 그것은 두 가지였다. 하나는 주님의 말씀을 지킨 것과 또 하나는 주님의 이름을 배반치 아니한 것이었다.

어떻게 생각하면 주님의 말씀을 지키며 주님의 이름을 배반하지 않는 것은 그리스도인이라면 상식에 속하는 것이다. 그럼에도 불구하고 일곱 교회 중에서 빌라델비아 교회의 사자(혹은 교회)만이 칭찬을 받은 것을 보면 당시 교회의 성도는 이 두 가지를 제대로 하기가 매우 어려웠던 환경에 있었음을 추측할 수 있었다.

주님은 빌라델비아 교회의 사자(혹은 교회)가 "주님의 인내의 말씀을 지킨 것"을 기뻐하셨다. 그래서 그(그들)에게 선물을 주실 것을 약속하셨다. 그 선물은 '시험의 때를 면하게' 되는 것이었다.

'시험의 때'가 구체적으로 무엇을 의미하는 것은 모르지만 그 '시험의 때'를 면제받는 것은 실제적으로 무척 좋은 일일 것이다. 그러나 빌라델비아 교회는 그보다도 몇십 배, 아니 도저히 비교될 수 없는 복된 계시를 받았다. 그것은 "내가 속히 임하리라"는 주님의 예언이요 약속이었다.

이 약속의 말씀은 깨어있지 않으면 그냥 지나치기 쉽다. 그 의미, 비중, 영향력을 느끼지 못하고 빌라델비아 교회의 계시 속에서 그냥 스쳐 지나가는 말씀처럼 들려질 수도 있기 때문이다.

공항이나 기차역 출구에서 마중 나온 사람들이 승객들을 쳐다보고 있다. 승객 역시 그 사람들을 마주 보고 걸어 나온다. 그러나 승객이 누군가 마중 나올 것이라고 예상하지 않고 있었다면 그 마중 나온 사람들 중에 아는 사람이 있다고 해도 알아보지는 못한다. 이와 꼭 같은 이치인 것이다. 독자가 기대하거나 예상하지 못하면 복음을 알아보지 못하고 그냥 지나치게 되는 것이다.

빌라델비아 교회의 사자가 깨어 있었다면 주님의 친서를 가슴에 품고 무릎을 꿇었을 것이다. 그리고 하늘을 향해 감격의 눈물을 흘리며 감사를 드렸을 것이다.

오, 주님
저희가 무엇이관대
이렇게 큰 은혜를 베푸시나이까

저희는 흙입니다.
이런 복된 계시를 감당할 자격도 능력도 없습니다.
주님, 감당할 수 없습니다.
황송합니다.

사실 무슨 말을 할 수 있겠는가. 황제의 친서를 받을 때도 두렵고 떨림으로 무릎 꿇고 받지 않는가. 하물며 땅의 임금들의 머리가 되신 주님께서 친히 자신이 속히 오실 것을 예언하시고, 약속하시고, 계시하고 계시는데…….

이 부분에서 글쓴이는 또 다른 관점의 의문이 생겼다. 사도 요한의 시에 언급된 '구름을 타고 오시리라'(계 1:7)는 어떤 계시를 근거로 해서 쓴 것이었을까 하는 것이었다.

사도행전에 기록된 말씀 "이르되 갈릴리 사람들아 어찌하여 서서 하늘을 쳐다보느냐 너희 가운데서 하늘로 오르신 이 예수는 하늘로 가심을 본 그대로 오시리라 하였느니라(행1:11)"일까.

아니면 빌라델비아 교회의 사자(혹은 교회)가 받은 이 말씀일까. 이것도 아니면 그가 직접 받은 말씀 "이것들을 증언하신 이가 이르시되 내가 진실로 속히 오리라 하시거늘(계 22:20)"일까.

사실 어느 것이든지 상관없을 것이다. 이 모두가 다 진실된 말씀이라는 것이 중요할 것이다. 주님이 다시 오신다는 이 복음 중의 복음은 사도 요한만이 받은 것이 아니었다. 무수한 주님의 종들이 받은 계시요, 예언이요, 약속이었던 것이다.

영광의 주님께서 "반드시 속히 일어날 일들"이라고 언급한 그 일 들 중의 하나가 바로 이 속히 오시는 일인 것이다. 계시록 1장 1절부터 이 말씀을 하시고 싶었지만 그것을 꾹 참고 계시다가 마침내 빌라델비아 교회의 사자에게 드러내셨던 것이다. 이를 확대해석한다면 오늘날 우리 교회, 한국 교회에 주셨던 것이다.

할렐루야,

아멘!

# 딜레마(dilemma)

    빌라델비아 교회의 사자가 받은 계시를 통하여 약속 중의 약속이요 계시 중의 계시를 우리도 받게 되었다. 그 흥분이 채 가시기도 전에 우리는 딜레마에 빠져 있음을 이내 깨닫게 된다.

    주님은 이중, 삼중으로 다시 오실 것을 예언하셨다. 주님은 언제 오시는가. 주님의 복음이 모든 민족에게 전파되면 주님이 오실 것이다. 그 시와 때는 주님도 모르신다. 오직 아버지 하나님만이 아신다. 하나님의 그때(카이로스)가 되면 주님은 다시 오실 것이다. 주님은 재림하실 것이다.

    지구촌에 핍박받고 있는 교회들을 생각하면, 정치범수용소에 잡혀있는 북한지하교회 형제자매들을 생각하면 정말 "속히 주님 오시옵소서" 외치지 않을 수 없다. 오셔서 그 모든 악들을 제하시고 하루속히 성도들의 눈물을 씻어 주기를 간구하지 않을 수 없는 것이다. 주님 또한 지금, 그것도 한시라도 빨리, 속히 와서 무고한 자의 피 흘림이 그치도록 그 모든 악들을 멸절하기를 원하시고 계시는 것은 틀림없을 것이다.

    그런데 문제는 우리가 아직 준비되지 않은 것이다. 우리 주위에 구원받아야 할 사람들이 너무나 많이 있다는 것이다. 우리 형제자매, 친구, 선후배, 동료, 이웃, 동창생들 중에서 아직도 양 우리에 들지 못한 자들이 있다는 것이다. 그래서 주님, 잠시만요, 제 아내(혹은 남편)가, 제 자녀가,

아직 주님을 믿지 않고 있습니다. 그들이 믿을 때까지 제발 좀 기다려 주세요. 하고 애절하게 부탁하고 있는 우리 자신을 또한 발견하는 것이다.

주님 또한 아직 양우리에 들지 않은 무리들이 다 주를 믿을 때까지 오시는 것을 연기하고 계실 것이다.

이 딜레마 속에서 안타까운 것은 핍박받고 있는 성도다. 구원받지 못한 사람들이 구원받기 위하여 그때가 찰 때까지 주의 재림은 늦추어지는 것이다. 그때까지, 지구상 도처에서 순교는 이어지게 되는 것이다. 순교 없는 선교는 없는 것이다. 십자가의 피 흘림 없는 구원이 없듯이.
마침내 구원받기로 예정된 자들이 다 주님을 믿게 될 때 주님은 오시는 것이다. 기도의 분량도 이미 찼고 순교자의 수도 다 채워진 것이다. 결국 지구 한쪽 편에서 구원받은 성도가 늘어간다는 것은 또 다른 쪽에서는 순교자의 수가 늘어간다는 것이다. 그리고 그 중간지대에서는 무수한 성도의 엄청난 기도가 하늘에 상달되어 쌓인다는 것이다.
주님의 재림은 성도의 기도와 피가 찰 때 이루어지는 것임을 알 수 있다. 이러한 깨달음이 있음에도 불구하고 글쓴이는 주님도 오시고 동시에 재림도 늦추어지는 방법이 없을까 하는 생각을 해 본다.
누구는 그것은 불가능한 것이라고 말할 것이다. 또 누군가는 그것은 꾀지 믿음이 아니야 라고 말할 것이다. 그러나 우리의 슬픔이요 아픔인 북한지하교회 성도를 생각하면 이 딜레마를 해소할 말씀이 분명 있지 않을까 하는 생각은 떨쳐 버릴 수 없다. 사랑의 주님을 생각하면 성경 어딘가에 분명 그 사랑의 기적을 이룰 약속의 말씀을 숨겨 놓았을 것이다. 그 복음을 찾아낼 수만 있다면, 아, 이 꿈이 실현만 될 수 있다면야…….

# 눈먼 교회

> 네가 말하기를 나는 부자라 부요하여 부족한 것이 없다 하나 네 곤고한
> 것과 가련한 것과 가난한 것과 눈 먼 것과 벌거벗은 것을 알지 못하는도다
> (계3:17)

라오디게아 교회의 사자는 주님의 친서를 받았다. 그 친서에서 영광
의 주님은 자신을 "아멘이시오 충성되고 참된 증인이시오 하나님의 창
조의 근본이신 이"로 계시하셨다.

라오디게아 교회의 사자는 사데 교회의 사자 마찬가지로 처음부터
책망을 받았다. 에베소, 버가모, 두아디라 교회의 사자는 영광의 주님
으로부터 격려에 이어 책망을 받았지만, 이 두 교회의 사자는 그러한
배려조차 주님으로부터 받지 못한 것이었다.

주님으로부터 위로받을 만한 신앙행위를 한 것이 하나도 없었단 말
인가. 교회가 어떻게 그럴 수가 있는가. 글쓴이가 보기에는 다섯 교회
중에서 가장 중한 잘못을 범한 것으로 생각되는 두아디라 교회도 위로
와 격려의 말을 받았는데, 라오디게아 교회(혹은 사자)는 왜 책망만 받았
을까.

천·묵·기·통 요한계시록

책망을 받은 첫 번째 이유는 미지근한 신앙 행위 때문으로 이해되었다. 신앙 행위가 차든지 뜨겁든지 해야 되었는데 그렇지 못하였던 것이었다. 두 번째는 이유는 영적 안목(眼目)이 어두워졌기 때문으로 생각되었다. 하나님 보시기에 교회(혹은 사자)는 곤고하고, 가련하고 가난하고, 눈멀었고, 벌거벗었음에도 불구하고 스스로는 부자로, 부유하고 부족한 것이 없는 것으로 생각하고 있었던 것이었다.

글쓴이는 신앙행위가 뜨겁다는 것은 잘 알겠는데 차갑다는 것은 무엇을 의미하는가, 라는 의문을 가지게 되었다. 뜨겁다는 것은 하나님에 대하여 뜨거운 것을 말할 것이다. 하나님을 뜨겁게 사랑하는 것, 곧 뜨거운 찬송과 기도를 드리고, 말씀 듣는 일에, 전도하는 일에 뜨거움을 가지는 것일 것이다.

그렇다면 차갑다는 것은 무엇을 의미하는 것일까. 차가움은 뜨거움의 반대말이다. 하나님에 대하여 뜨거웠던 사람이 다시 하나님에 대하여 차가울 수는 없는 것이다. 그렇다면 세상에 대하여 차갑다는 뜻이 아닐까.

곧 세상 사람들이 가지는 관심, 가치, 추구하는 것에 차가운 것이 아닐까. 교회는 하나님에 대해 뜨겁고 세상에 대하여 차가운 것이 온당할 것이다. 불행하게도 라오디게아 교회(혹은 사자)는 하나님에 대해서도 뜨겁지 아니하였고 세상에 대해서도 차갑지도 않았다는 생각이 들었다.

생각이 여기에 이르자 라오디게아 교회가 아무런 격려조차 받지 못한 것을 이해할 수도 있을 것 같았다. 처음 사랑을 버린 것, 거짓 교훈을 버리지 못하는 것, 거짓 선지자를 용납한 것도 주님은 참을 수 있는 것이었다. 그러나 세상과 구별되지 못한 교회는 참을 수 없었던 것이다. 세상과 교회에 양다리를 걸치고 있는 그 이중성에 대해 노골적인 불쾌감을 주님은 드러내고 계시는 것이다. 그렇다. 교회가 하나님과 세상을 동시에 섬길 수는 없는 것이다. 주님을 뜨겁게 사랑하면 할수록 세상에 대해서는 차가워지는 것이 교회다.

왜 라오디게아 교회(혹은 사자)는 영적 눈이 멀게 되었을까. 아니면 처음부터 멀었을까. 라오디게아 교회(혹은 사자)의 영안(靈眼)이 처음부터 멀었는지 아니면 중간에 멀게 되었는지 알 수 없지만 확실한 것은 성도가 영적 눈이 멀었다는 사실, 특히 교회의 사자가 영적 눈이 멀었다는 것은 치명적인 장애가 아닐 수 없다.

영안이 먼 것과 앞서 지적되었던 미지근한 신앙행위는 동전의 양면과 같을 것이다. 혹 원인과 결과의 관계일지도 모르겠다. 왜 교회는 이러한 치명적인 장애를 가지게 되었을까.


글쓴이는 그 원인이 라오디게아 교회가 누리고 있었던 물질적 풍요로움 때문이 아닐까 하는 생각을 해보았다. 우선 라오디게아 교회가 그러한 상태에 있었을 것으로 추정한 근거는 주님의 라오디게아 교회에 대한 직설적인 말씀, '나는 부자라, 부요하고 부족함이 없다'가 그것이었다.

교회가 부자가 되었다는 것을 오늘날 식으로 표현해 보면 다음과 같을 것이다. 교인 수도 많아져서 재정이 자립되었을 뿐 아니라 풍족하게 되었다. 멋진 예배당도 가지게 되었다. 다른 교회가 가지고 있지 않은 기도원도 가지게 되었다. 교단 내에서도 상당한 영향력을 미치게 되었다. 교인들 중에 사회에서 높은 지위를 가진 사람이 많아 세상 사람들이 무시할 수 없는 교회가 되었다.

천·묵·기·통 요한계시록

교회가 물질적으로 풍부해졌다는 것 자체는 사실 문제가 되지 않을 것이다. 문제는 더 이상 부족한 것이 없어진 교회는 기도할 필요를 느끼지 못한다는 것이다. 성도들이 자꾸 몰려오기에 더 이상 전도할 필요도 못 느낀다는 것이다. 기도와 전도에 무관심하게 된 교회로 변해 버린 것이다. 물질로 비만하게 된 교회가 영적으로도 비만하게 된 교회로 변모한 것(사실은 타락한 것)이 문제일 것이다. 아니 영적으로 비만하게 된 것이 아니라 영적 궁핍에 빠지게 된 것이다. 이는 물질이 주는 역설이 아닐 수 없다.

주님의 처방은 무엇이었던가.

글쓴이는 주님의 처방을 보고 깜짝 놀랐다. 주님은 자신에게 금과 흰 옷, 안약을 '사라'고 명령하셨다. 주님은 교회가 가지고 있지 못한 것을 주님에게 '사라'고 명령하셨다. 교회가 그 부족한 것을 위해 기도하라고 하지 않으셨다. '사라'고 하셨다.

주님은 성도가 필요한 것을 채워 주시는 분이시다. 값없이 은혜로 나누어 주시는 분이다. 그러나 라오디게아 교회에 대해서는 예외였다. 주님에게 값을 치르고 구입하라고 하셨다.

그렇다. 주님은 공평하신 분이시다. 의로운 분이시다. 지혜의 근원이신 분이시다. 라오디게아 교회의 문제는 물질이 제대로 사용되고 있지 못한 것이 시작이요 물질이 과도하게 교회 안에 저장되어 있는 것이 문제였던 것이다.

주님은 그 물질이 세상에 필요한 곳에 공급되기를 원하셨던 것이다. 교회가 가진 물질이 하나님 나라의 확장을 위해 사용되기를 원하셨던 것이다. 교회 내에 쌓아 놓은 물질이 교회 밖으로 나가길 원하셨다.

교회의 재정이 흘러넘칠 정도가 되었다고 해서 성도가 피땀 흘려 얻은 물질로 하나님께 바친 헌금을 아무렇게나 사용할 수는 없는 것이다. 교회는 물질을 적당한 양 만큼만 가지고 그 나머지는 교회 밖으로 흘려보내어야 하되 그것들을 허비하거나 낭비해서는 안 된다.

주님은 두 가지를 다 해결하셨다. 자신에게 물질을 주어 값을 치르고 가지고 있지 못한 것을 구입하라고 하신 것이다. 교회가 가진 물질을 내어놓아야 그것에 맞추어 하나를 주시겠다는 것이다. 바로 이것이 주님으로부터 사라는 의미가 아닐까.

라오디게아 교회가 최우선적으로 주님으로부터 사야 할 것은 무엇이었나. 그것은 불로 연단한 금이었다. 교회는 성도들이 낸 헌금을 은행에 쌓아 두어야 하는 것이 아니고 천국에 쌓아 두어야 한다. 교회가 물질을 필요한 곳으로 흘러가게 하는 것, 즉 물질을 복음을 위해 사용하는 것, 바로 그것이 보물을 천국에 쌓아 놓은 신앙 행위이지 않는가.

주님은 교회가 하나님 나라의 확장을 위해 사용된 그 물질을 정금으로 환산하여 주신다. 아니 천국에 저축해 두신다. 주님이 계산하여 주는 이자는 우리의 상상을 초래한다. 주님의 이자는 삼십 배(3,000%), 육십 배(6,000%), 백 배(10,000%)이다. 얼마나 수지맞는 장사인가!

라오디게아 교회가 주님으로부터 사야 할 두 번째 것은 흰옷이었다. 비만하게 되면, 배가 많이 나오면 밑을 내려 보아도 자신의 치부가 보이지 않게 된다. 벗고 있어도 부끄러움을 모르게 되는 것이다. 수치심을 모르는 자에게는 수치심을 가릴 옷이 필요하다.

교회의 수치는 오직 흰 옷으로만 가려질 수 있다. 성도들에게 은혜로 주시는 흰옷이지만 라오디게아 교회는 주님께 사서 입어야 했다. 교회가 지나치게 가진 물질을 주님 앞에 내어놓지 않고는 하늘에서 내려오는 주님의 은혜는 없다는 것을 깨우쳐 준다.

라오디게아 교회가 주님으로부터 사야 할 세 번째 것은 안약이었다. 나누어 주어야 할 재물을 아직도 손에 꼭 쥐고 있는 교회가 여전히 눈이 멀어 있는 상태임을 시사한 것이 아닐까. 교회가 그 받은 것을 주님 발 앞에 다 내어놓을 때 비로소 눈이 뜨인다. 아멘이시오 충성되고 참된 증인이시오 하나님의 창조의 근본이신 영광스러운 주님이 그제야 보이는 것이다.

여기까지는 그런대로 이해가 되었다. 그런데 차갑든지 혹은 뜨겁든지 하라는 주님의 말씀은 머리에서 맴도나 가슴에까지 내려오지 않고 있음을 느낀다. 교회의 신앙 행위가 차갑다 혹은 뜨겁다 할 때 그 차가움과 뜨거움의 기준은 무엇일까. 온도계로서 그것들을 측정할 수는 없지 않는가.

# 차갑다는 것, 뜨겁다는 것

내가 네 행위를 아노니 네가 차지도 아니하고 뜨겁지도 아니하도다 네가
차든지 뜨겁든지 하기를 원하노라 (계3:15)

2010년 5월 3일 New Daily 인터넷 신문에는 탈북자 이순옥씨가 파리의 '메종 드 라디오 프랑스'에서 북한 수용소에 대해 증언했던 내용이 실려 있다.[15] 그 기사 중 일부분을 발췌하면 다음과 같다.

---

15)  인터넷자료출처
    http://www.newdaily.co.kr/mobile/mnewdaily/article.php?contid=2010010112315

어느 날 오후, 공장 문을 열고 들어서는데, 공장 안이 쥐 죽은 듯 고요했다. 작업장 한가운데 수백 명의 죄수 아닌 죄수를 모아놓고 담당 교도관들 두 명이 눈에 핏발을 세우고 미친 듯 고함을 치며 날뛰고 있었다.

교도관들은 수령님을 믿지 않고 하늘을 믿는 미친 정신병자 놈들이라고 소리소리 지르면서 그 사람들을 차고, 때리고 하면서 인간 이하의 취급을 하고 있었다. 교도관들은 "너희들 가운데서 단 한 사람이라도 좋으니 대열 앞에 나서라. 하늘을 믿지 않고 수령님을 믿겠다고 하면 자유 세상으로 보내서 잘 살 수 있게 해 주겠다."고 사람들을 윽박지르며 하늘을 거부하라고 채찍으로 때리고 발로 차고 했다.

그런데 너무나도 이상했다. 수백 명의 사람들은 왜 그런지 아무 대답도 없이 그렇게 매를 맞으면서도 침묵으로 맞섰다. 무서움과 공포 속에서 떨고 있는데 예수를 믿는 그 사람들은 계속해서 침묵으로 대응했다.

그때 독이 오른 교도관이 사람들에게 달려가서 닥치는 대로 아무나 여덟 명을 끌어내다가 땅바닥에 엎어놓았다. 그리고는 구둣발로 내리밟고 짓이겼다. 순식간에 피투성이가 되고 허리며 팔다리 뼈가 부러졌다.

그 사람들은 고통 중에서도 몸을 뒤틀면서, 짓밟힐 때마다 신음소리를 냈는데 그 신음소리가 너무나도 이상하게 들렸다. 뒤에 알고 보니 그 사람들이 고통 중에서도 몸을 뒤틀면서, 짓밟힐 때마다, 뼈가 부러지고 머리통이 부서지면서 신음소리처럼 애타게 불렀던 것은 바로 '주님의 이름'이었다.

미쳐 날뛰던 교도관들은 "수령님과 당을 믿는 우리가 사는가, 아니면 하나님을 믿는 너희가 사는가 보자!" 하면서 달려가 펄펄 끓는 쇳물통을 끌어왔다. 그리고 피투성이가 된 그 신자들 위에 부었다. 그 사람들은 순식간에 살이 녹고 뼈가 타면서 숯덩이가 되어 버렸다. 난생처음으로 내 눈앞에서 사람이 숯덩이로 변해가는 것을 보았다.

아,

멀다
멀구나

그 차가움에서
그 뜨거움에서도

어떻게 하면
저희처럼
뼈 부러지는 아픔 속에서도
주 이름 부를 수 있을까

어떻게 하면
저들처럼
불 속에 난 길을
주 이름 부르며 걸을 수 있을까

난 감당할 수 없네
나 뛰어들 수 없네

그대 내 곁으로 와

이 두 손 붙잡아 주오


아니 내 앞에 서서

흔들림 없는 눈길로

두 눈 지켜주면


그대만 쳐다보며 그 걸음 내달을 수 있겠네


잠시 그 아픔

잠깐 그 고통


수정 같은 유리 바다

빛나는 정금 길


나 좇아 갈 수 있겠네

마침내 들어 설 수 있겠네.

# 라오디게아 교회의 역설

> 볼지어다. 내가 문 밖에 서서 두드리노니 누구든지 내 음성을 듣고 문을
> 열면 내가 그에게로 들어가 그와 더불어 먹고 그는 나와 더불어 먹으리라
> (계3:20)

성경에 많은 역설적인 이야기들이 있다는 것을 알고 있다. 그중에서 제일 심각한 역설은 하나님의 아들이 이 땅에 와서 그가 만드신 인간들에 의하여 죽임을 당한 이야기일 것이다. 또한 예수 그리스도가 삼년 동안 가르쳤던 그의 제자들에 의하여 배반을 당한 사실도 심각한 역설의 이야기이다.

글쓴이는 요한계시록에서 역설적인 이야기를 하나 찾아내었는데 그것은 라오디게아 교회가 받은 계시에서였다. 소아시아 일곱 교회들 중에서 영광의 주님으로부터 칭찬을 받은 교회는 서머나 교회와 빌라델비아 교회였다. 나머지 다섯 교회는 격려와 함께 질책도 받았다. 그러나 사데 교회와 라오디게아교회는 그 격려조차 받지 못하고 질책만 받았던 것이다.

천·묵·기·통 요한계시록

이런 글쓴이의 관점으로 보면 라오디게아 교회는 일곱 교회 중에서 제일 형편없는(이런 표현을 용서해 주길 바란다. 강조를 위한 표현임을 이해해 주길 바란다) 교회였던 것이다.

성경 속에는 또한 무수한 복음이 기록되어 있다. 구약의 복음 중의 복음은 메시아가 온다는 것이다. 그리고 사복음서의 복음 중의 복음은 나사렛 예수가 바로 그 그리스도, 그 메시아라는 것이다. 요한계시록의 복음 중의 복음은 무엇일까. 우리 주님이 다시 오신다는 것이 아닐까. 주님의 재림일 것이다. 오늘날을 사는 우리들에게 복음 중의 복음은 바로 주님이 다시 오신다는 것이라고 글쓴이는 믿고 있다.

그런데 앞서 살펴본 바와 같이 소아시아 일곱 교회 중에서 제일 형편없는(?) 라오디게아 교회에게 놀라운 반전이 있었다. 그것은 교회의 사자가 계시록의 복음 중의 복음을 받게 된 것이었다. 아니 그 복음의 실제를 경험하게 된 것이었다. 독자는 혹 글쓴이가 무엇인가 잘못 이해하여 이렇게 들뜬 이야기를 하고 있는 것이 아닌가 하는 생각이 들지도 모르겠다. 그러한 생각을 하는 이들을 위해 글쓴이는 빌라델비아 교회의 사자가 받았던 계시를 상기해 보기를 원한다.

> 내가 속히 오리니 네가 가진 것을 굳게 잡아 아무도 네 면류관을 빼앗지 못하게 하라 (계3:11)

영광의 주님이 빌라델비아 교회의 사자에게 속히 오실 것을 약속해 주셨다. 그 약속의 말씀은 어느새 자라서 라오디게아 교회의 사자에게는 풍성한 열매로 맺히는 은혜를 주셨다고 생각한다. 계시의 말씀에 진보가 있었던 것으로 이해되었던 것이다.

> 볼지어다 내가 문 밖에 서서 두드리노니 누구든지 내 음성을 듣고 문을 열면 내가 그에게로 들어가 그와 더불어 먹고 그는 나와 더불어 먹으리라
> (계3:20)

　독자들 중에는 3장 20절 말씀이 3장 11절 말씀에 비해 진보가 있었다는 것이 무슨 뜻인가 하고 물어볼 사람이 있을 것이다. 물론 예민한 독자들은 벌써 글쓴이가 무슨 말을 하려는 지 금방 알아차렸을 것이다. 혹 글쓴이의 의도를 미처 알아채지 못한 분들을 위해 친절히 설명해야겠다. 이 구절은 너무나 중요한 구절이기에 아무리 설명해도 지나침이 없을 것이다.

　빌라델비아 교회의 사자에게 영광의 주님은 속히 오리라고 예언하셨고 약속하셨다. 구글 지도에 의하면 빌라델비아와 라오디게아 사이의 거리는 약 96.1km가 된다고 한다. 주님은 그 거리를 달려오셨다. 숨이 차고 온몸이 땀으로 흠뻑 젖었지만 심한 질책을 받아 낙담에 빠질 대로 빠져 있는 라오디게아 사자에게 급히 달려가지 않을 수가 없었던 것이리라. 마침내 그 사자가 살고 있는 집에 도착하여 이제 문 밖에 서신 것이다.

　주님은 그 문을 두드리신다.

　예언이 이루어지고 있는 순간인 것이다. 계시가 완성되고 있는 순간인 것이다.

　하나님의 때가 되어 마침내 만물이 기대하고 숨죽이며 쳐다보고 있는 그 역사적인 순간이 라오디게아 교회 사자의 집 앞에서 펼쳐지고 있는 것이다.

　그러나 글쓴이는 벅찬 감동에 휩싸여 있으면서 또한 의문을 가지고

있음을 고백하지 않을 수 없다. 영광의 주님이 라오디게아 교회 사자의 집에 찾아오신 이 놀라운 사건을 주님의 재림이라고 칭할 수는 없다는 것이다.

주님의 재림은 우리가 익히 알고 있는 바와 같이 마지막 때에 이루어지는 일이다. 그렇다면 라오디게아 교회에게 찾아오신 그 주님의 방문을, 땅의 임금들의 머리가 되신 주님의 왕림을 무엇이라고 부르면 좋을까.

조금 더 지적인 독자들은 이렇게 지적할 것이다. 글쓴이가 그렇게 믿는 것은 좋으나 라오디게아 교회의 사자에게 주신 3장 20절 말씀을 영적으로 해석하는 것이 좋지 않겠느냐는 의견을 제시할 것이다.

만일 글쓴이가 이 말씀의 실제를 개인적으로 경험하였다면 그것을 근거로 독자들의 지적을 강력하게 부인할 것이다. 그러나 유감스럽게도 글쓴이에게는 그러한 경험이 아직 없다. 그럼에도 불구하고 글쓴이의 주장을 굽히고 싶지 않다. 글쓴이의 이러한 생각을 변호해 줄 사람들이 많이 있을 것으로 믿고 있기 때문이다. 그들은 지금 도처에서 핍박받고 있는 성도다. 그들은 이 말씀의 실제를 경험하고 누리고 있을 것임에 틀림없다.

글쓴이도 사실 이 예언의 말씀의 실제를 누리기를 원한다. 그러나 그 은혜가 한정된 것이라면 글쓴이보다는 핍박받는 성도가 앞서 누리기를 원한다. 진심으로.

# 만찬(晚餐)의 주빈(主賓)

　인생에서 가장 기쁜 날이 결혼하는 날이라고 한다면 결혼 잔치는 그 큰 기쁨을 참석한 모든 이들에게 나누어 주는 복된 장소임에 틀림없을 것이다. 잔치가 시작된 지 얼마 되지 않아 음식이 동이 났다면, 술이 떨어졌다면 잔칫집의 들뜬 분위기와 흥겨움은 이내 가라앉아 기대했던 하객들은 크게 실망하게 될 것이다.

　주님은 물로 포도주를 만드셨다. 이로 인해 잔치의 기쁨은 지속되었다. 하객들은 연이어 노래하며 춤출 수 있게 된 것이다. 이로써 주님은 인생에게 기쁨과 행복을 만들어 주실 수 있는 능력을 가지신 분임을 절묘하게 보여주셨다.

　인생에서 가장 슬픈 날은 아마 부모나 형제의 장례를 치르는 날일 것이다. 주님은 죽은 나사로의 집을 찾아가셨다. 문상하러 간 것이 아니라 그를 살리러 가신 것이다. 그리고 그를 살려내셨다. 초상집의 눈물을 잔칫집의 웃음으로 바꾸어 놓으셨다. 주님은 죽음이라는 마지막 불행을 영원히 종식시킬 수 있는 전능한 자임을 나타내셨던 것이다.

　이처럼 하나님의 아들은 자신이 지은 피조물의 기쁨과 행복에 관심이 많으시다. 영원한 생명에 더 많은 관심이 있으시다. 사람들의 기쁨과 행복이 이 땅에서부터 시작되어 저 하늘에까지 영속되는 것 말이다.

우리는 위에 언급한 이적을 통하여 잔칫집에 오신 주님과 초상집에 오신 주님이 결국 만찬의 주빈(主賓) 자리에 앉게 되는 것을 본다. 이러한 기쁜 이야기는 여기서 끝나지 않는다.

> 볼지어다. 내가 문 밖에 서서 두드리노니 누구든지 내 음성을 듣고 문을 열면 내가 그에게로 들어가 그와 더불어 먹고 그는 나와 더불어 먹으리라
> (계3:20)

라오디게아 교회의 사자에게 주신 이 말씀을 통하여 주님은 만찬의 주빈임을 선포하셨다. 그러하기에 이 말씀은 사실상 지상에 있는 모든 교회들에게 보낸 만찬의 초대장이라고도 할 수 있을 것이다.

가나의 혼인 잔칫집에 참석한 하객들은 주님이 물로 포도주를 만드는 기적을 목도하였다. 나사로의 집에 문상 왔던 이들은 주님이 죽었던 나사로를 살리는 능력의 현장을 직접 보았다. 라오디게아 교회 지도자는 주님이 선포한 이 말씀의 실제를 직접 체험했을까?

만약 말씀의 실제를 체험했다면 아마 이러한 간증을 하지 않겠는가. 주님의 만찬장(晚餐場)은 특별한 곳이 아니다. 주님의 음성을 듣고 문을 열면 즉시 그 사람의 집은 만찬장이 된다. 주님의 음성을 듣고 문을 열자! 주님을 맞이하는 순간 그대의 교회는 만찬의 잔치에 참여하게 되는 것이다. 그것은 그대의 준비와 상관없다. 주님이 준비해둔 주님의 잔치이다. 그대가 겪게 되는 그 영광과 기쁨을 어떻게 말로 다 표현할 수 없을 것이다.

당신의 교회는 교회가 만찬장이 된 경험을 한 적이 있는가? 한국 교회는 이 말씀을 실제로 풍성하게 누리고 있는가?

만약 이 말씀을 실제로 누리지 못하고 있다고 해서 믿음이 약하다고 탓하지 말자. 우리 믿음을 탓하기보다는 이 놀라운 은혜를 우리 교회가 누리도록 기도하자. 이 말씀은 분명 우리 교회에게 준 말씀이지만 사실 우선순위를 생각하면 우리 교회보다 먼저 이 말씀을 받고 그 실제를 누릴 교회는 따로 있다.

그 교회는 다름 아닌 북한지하교회이다. 정치범 수용소에 수감되어 있는 형제자매들이다. 아무리 기도해도, 아무리 생각해도 글쓴이가 얻은 답은 이 하나이다. 현실적인 거대 악(惡)인 북한의 삼대 세습 우상정권이 무너질 때까지 매일 매 순간 핍박당하고 있는 형제자매들에게 구원과 희망과 소망의 말씀이 무엇일까? 복음이 과연 무엇일까, 현실적이고 실제적인 복음이 과연 무엇일까 하는 물음에 대한 답 말이다.

굶주림과 추위와 위협과 억압과 압제에서 그들을 현실적으로 구원해줄 분은 오직 그리스도밖에 없다. 그리스도가 그들의 현실적인 도움이 되려면 주께서 오셔야 되는데 불행하게도 아직 복음이 세상 끝까지 다 전해지지 않았다. 복음이 모든 민족에게 다 전해질 때까지 그들은 그 말할 수 없는 고통 속에서 살아야만 하는가? 그럴 수 없는 것이다. 주님의 재림의 시기는 아직 오지 않았지만 북한지하교회 성도를 생각하면, 지구촌 곳곳에서 핍박받는 성도들을 생각하면 주께서 오셔야 한다. 그것도 속히 오셔야 한다.

주께서 속히 오시겠다고 약속하셨는가?

그렇다!

주께서 분명히 속히 오시겠다고 약속하셨다(계3:11).


주께서 속히 오셨는가?

그렇다!

주께서 분명히 속히 오셨다(계3:20).


영광스러운 주께서 지금 오셔서 북한지하교회 성도들의 집 대문 밖에 서 계신다. 정치범수용소 문을 두드리고 계신다. 문을 연 그 모두를 초청하셔서 따뜻한 집에서, 전혀 위험이 없는 곳에서 자유가 편만한 곳에서 만찬을 베풀어 주신다.

바깥 주위는 어두움이요, 추위와 질병이요 굶주림이 고통스럽게 하고 보위원과 계호원의 감시와 폭력으로 숨 한번 제대로 쉴 수 없지만 영광의 주께서 좌정하신 그 집은 안온한 피난처인 것이다.

얼어붙은 몸을 녹일 난로는 활활 피어져 있다. 수년 동안 제대로 먹지 못했는데 먹고 싶은 음식들이 식탁 위에 가득하다. 무엇보다도 찬송 한 번 큰 소리로 불러 보기가 평생의 소원이었는데 오늘 바로 그곳에서 그 소원을 이룰 수 있게 된 것이다.

> 다시 오시리라
> 승리를 위하여
> 그리고
> 영원한 화평을 위하여

· · · 2부
천상(天上)에서

# 하늘에 열린 문

> 이 일 후에 내가 보니 하늘에 열린 문이 있는데 내가 들은 바 처음에 내게 말하던 나팔 소리 같은 그 음성이 이르되 이리로 올라오라 이 후에 마땅히 일어날 일들을 내가 네게 보이리라 하시더라 (계 4:1)

대부분의 그리스도인은 '하늘이 열리고' 라든지 '하늘 문이 열리고' 라는 표현에 대해서 생소하게 느끼지 않을 것이다. 하늘(혹은 하늘나라)과 인간 세상과의 어떤 소통이 있을 때 그 소통의 통로를 언급하는 표현으로 이보다 더 적당한 말은 없을 것이다.

아담과 하와가 죄를 범한 이후 에덴동산에서 추방되었을 때 에덴동산으로의 출입구가 화염검으로 봉쇄된 기록(창 3:23-24)에 유추하여 그 출입구를 넓은 의미로 하늘의 문으로 이해할 수도 있을 것이다. 그러나 통상적인 의미로서의 하늘의 문을 처음 목도한 사람은 아마도 야곱이 아닌가 생각한다.

아버지 이삭을 속여서 아버지로부터 형이 받아야 할 축복을 가로챈 야곱은 형을 피해 집에서 도망쳐 나오게 된다. 외삼촌 라반의 집을 찾아가던 중 야곱은 광야에서 노숙을 하게 된다. 그 날 밤 꿈에 그는 하나님을 만나게 된다. 잠에서 깨어난 야곱은 자신이 꿈에서 하나님을 만난 그 장소를 "하늘의 문"이라고 불렀다(창 28:17).

야곱의 꿈에 보였던 '야곱의 사다리'는 그 끝이 하늘에 닿아 있었다. 사실 사다리라고 표현되어 있지만 야곱이 본 것은 사다리보다는 계단 같은 통로가 아니었을까? 사다리는 무엇인가 불안하고 일시적이며 일회적이란 느낌을 준다. 물론 천사는 불안정하게 보이는 사다리라도 가볍게 오르락내리락할 수 있겠지만 성경이 '사다리'라고 표현한 그것은 분명 상호 이동이 편한 그러한 통로였으리라.

예의 그 사다리에 오르면 사다리의 끝에 서 계시는 하나님을 가까이 뵐 수 있는 것이다. 그래서 야곱은 하늘에서 시작된 사다리가 땅에 닿은 그 장소를 '하늘의 문'으로 인식했다. 땅에서는 물론 하늘에서도 문처럼 보이는 어떤 구조물도 없었지만 그는 그곳을 '하늘의 문'이라고 했다.

야곱의 이러한 직관은 정말 놀랍고 대단한 것이었다. 하늘에 있는 문이 아무리 많고, 또 그 모든 문이 다 지상을 향하여 열려 있을지라도 그 문이 지상과 통하지 않는다면 그 하늘의 문은 사람과는 무관할 것이다. 인간 세상에서 하늘로 통하는 문, 문을 열고 들어가면 바로 하나님을 만나 뵐 수 있는 곳, 그러한 곳이 하늘의 문이다. 지금 이곳이 바로 그곳이라는 것을 야곱이 깨달았던 것이다. 야곱에게 '하늘의 문'이란 지상에 있는 천국으로의 출입문이었던 것이다. 야곱의 이 위대한 발견은 그의 모든 허물들을 다 덮고도 남을 업적임에 틀림없다. 천국 복음의 진수이다.

사도 요한 또한 하늘의 문을 언급하였다. 그가 본 것은 '열려있는 하늘의 문'이었다(계4:1). 그는 나팔소리 같은 큰 음성으로 "이리로 올라오라"는 말을 듣게 되었다. 그는 곧 성령에 감동되어 하늘에 올라갔다.

야곱이 보았던 그 사다리가 '하늘에 열린 문'에서 지상으로 내려오지 않았지만 이내 그는 천상에 올라가 있게 되었다. 야곱은 천사가 '오르락내리락하는 사다리'를 보았을 뿐이지만 요한은 직접 (그 사다리 대신에 '성령의 승강기'를 타고 올라가 '하늘에 열린 문'을 통과하여) 하늘나라에 들어가게 된 것이다. '하늘에 열린 문'은 하늘나라로 들어갈 수 있는 출입구임에 분명하다.

사도 요한이 성령에 감동하여 천상에서 맨 처음 본 것은 무엇이었을까? 그것은 하늘에 있는 보좌와 그 보좌에 앉아 계신 이였다. 보좌에 앉아 계신 이는 주 하나님이심에 틀림없다. 주 하나님 외에 천국 보좌에 앉아 계실 이가 있을 수 없기 때문이다.

야곱은 하나님을 만날 수 있는 장소로서의 '하늘의 문'을 믿음의 눈으로 본 첫 사람이었을 것이다. 요한은 하나님이 계시는 천국으로 들어가는 관문으로서의 '하늘에 있는 문'을 두 눈으로 본 첫 사람이다.

야곱은 '하늘의 문'을 통하여 천국에 계신 하나님을 멀리서 보았다. 요한은 '하늘에 있는 열린 문'을 통하여 하늘나라에 올라가 하나님을 가까이 뵈었다. '하늘의 문'이 "하늘에 열린 문"이 되었다. 천사가 왕래하던 사다리가 '성령에 감동됨'이 되었다. 하늘에 닿은 사다리 끝, 그 위에 '전에 있었던' 그분이 천국 보좌에 좌정하여 '지금도 있는' 그 하나님이 되셨다. 창세기에 뿌려진 씨앗 복음이 자라고, 성숙하고, 확장되어 요한계시록에서 충실한 복음이 되었다.


처음에는 씨앗이었으나 그 나중은 아름다운 꽃이요 풍성한 열매인 것이다. 알파로 시작된 것이 오메가로 수확되어 가고 있는 것이다. 이스라엘 조상이 보았던 천국의 하나님을 우리 주님에 의하여 열방의 모든 민족들이, 그 모든 교회가 볼 수 있게 되었다. 천국 복음이 우리 교회 속에, 한국 교회 속에 활짝 피었던 것이다. 미 완료태였던 것이 완료태로 되어 가고 있는 중인 것이다.

# 신성한 빛

> 내가 곧 성령에 감동되었더니 보라 하늘에 보좌를 베풀었고 그 보좌 위에
> 앉으신 이가 있는데 앉으신 이의 모양이 벽옥과 홍보석 같고 또 무지개가
> 있어 보좌에 둘렸는데 그 모양이 녹보석 같더라 (계4:2-3)

성경에 기록된 많은 내용 중에서 성도는 물론이고 믿지 않는 이들도
가장 많은 관심을 보이는 것이 천국에 관한 것일 것이다. 이에 못지 않
게 알고 싶어 하는 것은 하나님이 존재하는가 하는 것이다.

글쓴이 역시 천국의 실제를 알고 싶다. 하나님이 어떤 모습으로 천국
에 계시는가 하는 것도 그러하다. 이렇게 열심히 요한계시록 공부를 하
는 것도 영적 세계의 실제를 알고 싶은 욕구가 있기 때문인지도 모른다.

사도 요한의 시가 요한계시록을 어떻게 '읽어야' 하는 것을 가르쳐 준
것이라고 하면 영광의 주님에 관한 묘사는 요한계시록을 어떻게 '보아
야' 하는 것을 미리 알려 준 것이 아닐까 하는 생각을 해 본다. 사도 요
한은 성령 안에서 영광의 주님을 잘 보았다고 생각한다. 거룩한 하나님
을 보았으니 죽게 되었구나, 라는 극심한 공포에 빠지기 전까지는, 그는
비교적 찬찬하게 주님을 관찰했던 것이다.

자신이 본 하나님이 과거 사람의 아들로 오셨던 주님임을 영광의 주님으로부터 확인받은 다음에 비로소 사도 요한의 얼굴에는 생기가 돌게 되었다. 성령 안에서 자신감을 얻게 된 사도 요한은 천국으로 올라가게 되었다. 그는 그곳에서 무엇을 보았던가.

지금 이 순간 우리들의 호기심이 정점에 도달하였다고 해도 과언이 아닐 것이다. 온 인류가 사도 요한의 첫 경험에 모두들 숨죽이고 주목하고 있다. 믿는 사람이든 믿지 않는 사람이든 하나님을 보고 싶어 하지 않았는가. 사람들이 우리들에게 하나님을 보여 달라고 하지 않았는가.

사도 요한은 첫 일성은 무엇이었던가.
그가 천상에서 제일 처음 보았던 것은 천국에 있는 하나님의 보좌였다. 그다음에 본 것은 보좌 위에 앉으신 이였다.

하나님에 대한 사도 요한의 시각적 첫 경험은 어떠하였는가.
아쉽게도 그는 영광의 주님의 모습을 보듯이 그렇게 세세하게 하나님의 모습을 볼 수 없었던 것으로 추측된다. 그는 보좌에 앉으신 하나님의 모양이 "벽옥과 홍보석 같고"라고만 기록하였기 때문이다.

왜 그는 영광의 주님을 보듯이 그렇게 자세하게 하나님을 쳐다 볼 수 없었을까. 그가 엄청난 두려움 속에 있었던 것은 아닌 것이 확실하다. 그가 이어서 서술한 문장을 보면 그렇게 유추할 이유는 전혀 없는 것이다.

그렇다면 왜 그는 하나님을 지극히 단순하게 묘사하고 말았을까. 우리들이 엄청나게 실망할 정도로 말이다. 우리들이 이러한 의문을 가질 수는 있지만 좀 더 깊이 생각하면 충분히 이해할 수 있다.

여름 한낮에 이글거리는 태양을 맨눈으로 쳐다볼 수는 없다. 하물며 보석의 광채처럼 찬연히 빛나시는 하나님을 어떻게 제대로 볼 수 있겠는가. 실눈을 뜨고 잠깐 쳐다볼 수밖에 없는 것이다.

그가 겨우 인지한 것은 찬란한 빛을 발휘하고 계시는 주 하나님의 모습이었던 것이다. 하나님이 드러내시는 그 빛은 벽옥(jasper)의 푸른 빛처럼 보이기도 하였고 루비(ruby)로 알려져 있는 홍보석(carnelian)이 빛나는 붉은색처럼 보이기도 하였다.

사도 요한은 눈이 부시게 빛나는 하나님께 시선을 고정할 수 없었다. 그는 하나님의 보좌로 시선을 돌렸다. 하나님의 보좌 또한 하나님의 빛으로 빛나고 있었다. 어느새 보좌에서 에메랄드(emerald)로 알려진 녹보석의 초록빛이 배어 나왔다.

사도 요한은 시시각각으로 달리 보이고 보는 각도에 따라 다른 빛으로 보이시는 하나님을 제대로 묘사하는 것은 이내 불가능한 것으로 생각했을 것이다.

글쓴이는 이 부분을 공부하면서 재미있는 사실을 발견하였다. 벽옥의 파랑색, 녹보석의 초록색, 홍보석의 빨간색은 빛의 삼요소이다. 이세 가지 색만 있으면 무지개의 일곱 색뿐 아니라 우리가 볼 수 있는 모든 색을 다 만들어 낸다. 결국, 사도 요한은 무지개색 같은, 아니 그보다 더 밝고, 더 아름다운 빛이신 하나님을 만난 것이다. 사도 요한의 하나님에 대한 첫 시각적 경험은 보석빛보다 더 아름답고 무지개 색깔보다 더 다채롭고 찬란한 신성한 빛이었다.

우리는 이 부분에서 창세기 1장 3절로 돌아가지 않을 수 없을 것이다.

> 하나님이 이르시되 빛이 있으라 하시니 빛이 있었고 (창 1:3)

빛이신 하나님께서 자신의 형상을 따라 먼저 빛을 만드신 것이리라. 우리는 또한 덤으로 귀중한 믿음의 실제를 경험하게 된다.

> 우리가 그에게서 듣고 너희에게 전하는 소식은 이것이니 곧 하나님은 빛이시라 그에게는 어둠이 조금도 없으시다는 것이니라 (요1 1:5)

요한일서 1장 5절의 말씀의 그 실제를 우리가 목도하게 된다. 만약 요한일서의 말씀이 요한계시록 이후에 기록된 것이라고 해도 달라질 것이 없다. 우리가 이미 믿고 있는 바와 같이 사도 요한은 자신이 본 바를 그대로 기록하여 남겨 두었던 것이다. 성경 말씀의 진실성과 사실성이 두 성경 구절에 의하여 증명된 것이다.

하나님의 모습이 빛 이외에 다른 세세한 묘사가 없어서 실망하였는가. 실망하였다는 것이 사실 솔직한 고백일 것이다. 그래서 하나님은 '말씀하시는 하나님'이셨던 것이다. 사람의 눈을 즐겁게 할, 사람의 호기심을 만족스럽게 할 하나님의 모습은 빛 이외에 없다는 의미가 그 속에 들어있지 않을까. 말씀하시는 하나님의 말씀으로 하나님은 사람들이 알아야 할 자신에 관한 모든 것을 이미 계시하셨던 것이다.

하나님에 대한 계시는 '하나님은 빛'이라는 종래의 자기 계시를 사도 요한의 눈에 확인시켜 주셨다. 종래 성도들이 가지고 있던 믿음의 실제를 사도 요한을 통해 우리가 맛보게 된 것이다.

하나님이 빛이시기에 하나님의 아들이신 주님의 몸인 교회는 빛일 수밖에 없다. 밤하늘의 별처럼 빛나야 하고 어두운 밤을 밝히는 등잔처럼 불을 밝혀야 하는 것이다.

# 그 어린양

> 네 생물과 장로들 사이에 한 어린양이 서 있는데 일찍이 죽임을 당한 것
> 같더라 (계5:6)

　사전에는 어린양(羊)을 젖 뗀 후부터 쌍붙임하기 전까지의 양으로 정
의하고 있다. 흔히 '어린 양'으로 표현되는 문장을 보게 되는데 이 경우
'어린 양'은 문법적으로 틀린 것이 아니라, 어린양을 포함하여 나이가
적은 양이라는 의미이다.

　어린양을 뜻하는 영어 단어는 lamb이다. 세례 요한은 예수 그리스도
를 처음으로 만나게 되었을 때 그가 '세상 죄를 지고 가는 하나님의 어
린양'(요1:29)임을 직감했다. 세례 요한의 이러한 직관이 고스란히 담긴
단어가 'the Lamb'이다. 개역개정 성경에는 'the Lamb'을 '그 어린 양'으
로 번역하고 있는데 이는 'the young sheep'을 먼저 연상시켜줄 수 있기
에 개인적으로 몹시 아쉬운 번역이라는 생각이 든다. 이러한 생각에서
글쓴이는 본 글에서만이라도 'the Lamb'을 '그 어린양'으로 표현하기로
하였다.

사실 요한계시록을 본격적으로 공부하기 전에는 '일찍 죽임을 당한 것 같은' '그 어린양'이 정말로 털에 피가 묻은 어린양으로 생각했었다. 이는 어린양이 예수 그리스도를 의미한다는 것을 몰라서 그렇게 한 것이 아니었다. 요한계시록이 상징과 묘사를 매우 중요한 표현 수단으로 사용하기에 그리스도 예수께서 일찍 희생 죽음을 당했다는 것을 사람들에게 보여 주기 위하여 정말로 피 묻은 어린양이 그곳에 있다고 이해하였던 것이다.

이렇게 생각할 수밖에 없었던 또 하나의 이유는 "그에게 일곱 뿔과 일곱 눈이 있으니 이 눈들은 온 땅에 보내심을 받은 하나님의 일곱 영이더라"(계5:6)는 말씀 때문이기도 하였다. 예수 그리스도에게 일곱 뿔과 일곱 눈이 있다는 것보다는 어린양에게 일곱 뿔과 일곱 눈이 있다는 묘사가 더 상징의 일관성 측면에서 부합된다고 생각하였기 때문이었다.

요한계시록을 공부하고 나서는 그러한 생각이 잘못되었다고 깨닫게 되었다. 5장 전체 문맥으로 보면 예수 그리스도의 상징을 위해 양이 그곳에 있었다고 생각하기는 어렵다. 5장에서 '그 어린양'은 당당한 권위와 위엄을 가지고 보좌 앞으로 나아가 하나님 오른손에 있는 두루마리를 취하시기 때문이다. 양이 그렇게 할 수는 없는 것이다.

'그 어린양'은 영광스러운 예수 그리스도를 지칭하는 명예로운 칭호임을 알게 되었던 것이다. 그러나 지금도 한 가지 해결되지 않는 의문이 남아있다. 그것은 '일곱 뿔과 일곱 눈'이 무엇이냐는 것이다.

사도 요한은 보좌 중앙에 서 계신 '그 어린양'을 보았다. 이 이후부터 계시가 마칠 때까지 사도 요한은 영광의 주님을 '그 어린양'이라고 표현하고 있음을 발견하였다. 이 발견으로 인하여 글쓴이는 주님의 칭호에 대하여 예민하게 반응하게 되었다.

앞서 글쓴이는 주님의 새로운 칭호를 익히자는 메시지를 받았음을 언급한 바가 있었다. 사도 요한은 주님의 칭호로 '그 어린양'을 계속 사용하고 있는 용례를 볼 때 글쓴이가 받은 메시지가 혹 잘못이 아닌가 하는 생각이 들었다.

주님의 새로운 칭호는 사도 요한이 주님으로부터 직접 들은 계시에서 비롯된 것이다. '그 어린양'이란 칭호는 사도 요한이 직접 본 계시에서 비롯된 것이다. 물론 이 칭호는 세례 요한이 주님을 직접 본 후에 직관적으로 깨닫게 된 것이기도 하다.

계시로 인하여 주님에 대한 새로운 칭호를 교회가 가지게 되었다. 과거부터 교회가 가지고 있었던 '그 어린양'이란 칭호는 주님이 직접 보여준 것(계시)으로 인하여 더욱더 강력하게 각인되었다. 결국 '그 어린양'이란 칭호는 계시 전과 계시 후를 일관하는 하나님의 아들에 관한 가장 적정한 칭호라는 것을 깨달아 알게 되었다.

'그 어린양'은 나와서 보좌에 좌정하고 계신 하나님의 오른손에 있는 두루마리 책을 취하였다. 무슨 일이 일어났을까.

보좌를 옹위하고 있던 네 생물과 이십사 장로들이 '그 어린양' 앞에 엎드려 경배한 것이다. 그 피조물들은 일제히 새 노래로 찬양하기 시작하였다. 찬양은 이내 이어졌다. 이번에는 수많은 천사들이 찬양에 합류하기 시작한 것이다. 장엄한 찬양과 엄숙한 경배가 보좌에 앉으신 이와 '그 어린양'에게 올려졌다.

이러한 하늘나라 권속들이 드리는 대합창 찬양과 경배를 통하여 '그 어린양'이 하시려는 인봉을 떼려는 일이 오직 주님만이 하실 수 있는 매우 특별한 일이며, 그동안 하늘과 땅의 모든 이들이 바라고 고대했던 바로 그 일이라는 것을 느끼게 된다. 그 일이 지금 막 시작되려는 참인 것이다.

어쩌면 이 인봉이 떼어짐으로 드러나는 계시는 예수 그리스도 계시의 본론일지도 모른다. 그렇다면 '네가 본 것'과 지금 있는 일'은 계시의 서론에 해당될 것이다. 그렇다. 하늘나라의 비밀이 어떻게 단박에 이해될 수 있겠는가. 세상일을 말할 때도 먼저 배경 설명이 있는데 사람의 생각을 초월하는 천국에 관한 것들은 그것들을 받아들일 만한 준비가 되어 있어야 하지 않겠는가.

인류의 시조 아담과 하와부터 지금 살고 있는 하나님의 자녀들과 주님 오시는 날까지 살아 있는 하나님의 백성들이 열망하고 기도하고 고대했던 그 일들이 이제 알려지려는 것이다. 그 일은 오직 '각 족속과 방언과 백성과 나라 가운데서 사람들을 피로 사서 하나님께 드린' '그 어린양'만이 할 수 있다.

놀라운 일은 '그 어린양'이 자신의 피로 사신 사람들 속에 내가 있다는 점이다. 우리가 그 속에 있다는 것이다. 한국교회가 그 속에 있다. '그 어린양'은 한국교회를 '하나님 앞에서 나라와 제사장들을 삼아' 한국교회로 하여금 '땅에서 왕 노릇하게' 한 것이다.

# 계시인가 묵시인가

| 예수 그리스도의 계시라 (계1:1)

『요한계시록』은 계시(啓示)이다. 또한 묵시(黙示)이기도 하다. NIV 영어 성경에는 계시에 해당되는 단어는 revelation으로 되어 있다. 희랍어로 쓰여진 원전에는 apocalypses로 되어 있다. apocalypses는 묵시 또는 계시로 번역될 수 있다.[16] 언제부터 이 성경의 이름이 「요한계시록」으로 바뀐 것은 알 수 없지만 글쓴이는 어릴 때 이 성경의 이름이 「요한묵시록」인 것으로 기억하고 있다.

계시(啓示)와 묵시(黙示)가 차이가 있는가? 있다면 어떤 차이가 있는가?
계시의 사전적 의미는 '깨우쳐 보여 줌'이다. 묵시의 사전적 의미는 '직접적으로 말이나 행동으로 드러내지 않고 은연중에 뜻을 나타내 보임'이다. 요한계시록은 계시를 '독특한 묵시적 방법'으로 드러내 보이고 있다고 설명할 수 있을 것이다. 이 설명에서 묵시적 방법이란 묵시문학적 기법을 말한다.

---

16) 이필찬, 요한계시록 어떻게 읽을 것인가(성서유니온선교회, 2011), p.25.

계시를 계시하는 사람을 계시자(啓示者)라고 했을 때 계시는 계시자가 모든 사람에게 보여 주는 것을 목적으로 드러낸 것이라 할 수 있다. 이에 비하여 묵시는 계시자가 그 계시를 이해하려고 하는 사람 혹은 이해할 수 있는 사람에게만 드러내 보이고 싶다는 계시자의 감추어진 의도가 있다.

왜 계시자는 자신의 계시를 이런 방법으로 드러내려고 하는가? 여러 가지 이유가 있을 수 있지만 묵시문학의 특징을 이해하면 그 이유를 이해하기 쉽다. 우선 묵시문학은 자신이 하고 싶은 이야기들을 마음껏 표현할 수 있는 좋은 수단이 된다. 현실과 상관없이 마음껏 현실과 가상의 세계를 오갈 수 있게 하기 때문이다.

따라서 현실 세계에서는 거론될 수 없거나 또는 이야기하기 힘든 미묘한 주제들을 묵시문학이란 수단을 통하여 이야기할 수 있게 된다. 예를 들면 기독교를 탄압을 하고 박해를 일삼고 있는 로마 황제나 로마 제국이 하나님으로부터 심판을 받고 멸망한다는 이야기는 사실 당시의 상황에서는 쉽게 드러내 놓고 이야기하기 쉬운 주제는 아니다.

그러나 묵시문학적 기법을 사용하면 이러한 주제를 표현할 수도 있는 것이다. 혹 묵시문학의 내용을 가지고 시비할 수는 있겠으나 그것을 바탕으로 소위 범법 사실을 밝혀내려고 시도하려고 하는 어리석은 짓을 하지는 않을 것이다. 글쓴이의 이러한 추정이 틀린 것이 아니라면 요한계시록이 묵시의 형태로 사도 요한에게 계시된 것은 놀라운 하늘의 지혜라고 감탄하지 않을 수 없다.

요한계시록은 내용상 크게 두 부분으로 구성되어 있다고 생각되었다. 그 하나는 사도 요한이 하늘나라에 관하여 직접 본 것에 관한 기록(네가 본 것과 지금 있는 일)이고 다른 하나는 천상에서 일곱 인이 봉인된 두루마리 책에 있는 내용을 본 것에 대한 기록(장차 될 일)이다. 글쓴이는 이를 일차(一次) 계시와 이차(二次) 계시로 구분하고 싶다.

요한계시록에 기록된 계시는 그 계시가 점층적으로 전개된다. 우선 일차 계시에서 이차 계시로 전개된다. 각 계시의 내용면에서도 그렇고 그 구성면에 있어서도 점점 복잡성을 가지고 있다. 시간과 공간을 훌쩍 뛰어넘어 버린 것이다.

일차 계시에서도 그러한 면이 없는 것은 아니라고 생각되지만 이차 계시는 주로 묵시문학의 기법으로 서술되어 있다. 시간과 공간을 초월하는 내용을 담기 위해서는 묵시문학적 기법이 사용될 수밖에 없기 때문이다.

이러한 까닭에 일차 계시에 보인 존재들이 그대로 이차 계시에 보인다. 우선 일차 계시에 등장(서술의 편의상 이 단어를 사용한 것을 독자들이 이해해 주기 바란다)했던 존재들(천사, 이십사 장로 등등)이 이차 계시에 그대로 등장한다는 것은 그런대로 이해될 수 있다. 이러한 존재들은 영생하는 영원히 존재이기 때문이다.

계시에 있어서 사도 요한의 역할은 계시의 전달자이다. 계시를 듣고 본 자이다. 일차 계시의 목격자요 증인인 사도 요한이 이차 계시에서는 그러한 역할에 머무르지 않고 계시 속으로 들어가 계시의 내용을 구성하게 된다. 이는 성경 독자들을 매우 혼란스럽게 한다.

어떤 의미에서는 사도 요한은 계시의 객체라고 할 수 있을 것이다. 이러한 사도 요한이 이차 계시에서는 계시의 주체가 되어 버린 것은 정말 묵시문학에서만 가능한 일일 것이다. 물론 사도 요한 역시 궁극적으로는 영원한 존재일 수밖에 없기에 이차 계시 속에 등장할 수도 있는 것이다.

이러한 점에 착안하여 우리는 요한계시록을 이해하는 데 중요한 법칙을 깨달을 수 있다. 그것은 『요한계시록』은 『요한계시록』의 관점으로 읽고 이해해야 한다는 것이다. 지금 이 시간, 이 공간에서 숨 쉬고 살고 있는 우리 자신의 시점(時點)과 관점(觀點)으로 계시의 내용을 파악하려고 해서는 안 된다는 것이다. 시간과 공간의 초월성을 인정하고 천상의 존재들의 그 영원성을 염두에 두고 읽어야 제대로 이해가 될 수 있다고 생각된다.

다른 관점으로 이를 다시 설명하면 하나님께서 요한을 통하여 우리에게 보여 주시려고 하는 것을 제일 적합하게 보여 줄 수 있는 방법이 묵시인 것이다. 이러한 글쓴이의 주장이 또한 사실이라면 이는 계시를 묵시로 보여 줄 수밖에 없는 첫 번째 이유가 되는 것이다. 앞서 언급했던 로마 황제 혹은 로마 제국이라는 현실 권력으로부터 탄압과 박해의 빌미를 피하기 위한 하늘의 지혜로서의 묵시는 두 번째 이유로 자리바꿈이 있어야 할 것이다.

요한계시록 전문가들에 의하면 요한계시록의 계시의 핵심은 교회에 관한 계시라고 한다.[17] 글쓴이는 이 관점이 요한계시록을 바로 이해하는 데 매우 중요한 관점이라고 생각한다. 일차 계시가 주님이 다 이룬 교회에 대한 계시라면 이차 계시는 주님이 이루실 교회에 대한 계시일 것이다.

---

17) 이필찬, 요한계시록 어떻게 읽을 것인가(성서유니온선교회, 2011), p.19.

# 기도 향(香)

> 그 두루마리를 취하시매 네 생물과 이십사 장로들이 그 어린 양 앞에 엎드려 각각 거문고와 향이 가득한 금 대접을 가졌으니 이 향은 성도의 기도들이라 (계5:8)

이 기도에 관한 말씀 중 가장 인상적인 것은 하늘은 성도의 기도를 향(香)으로 인식하고 있다는 것이다. 성도들이 하나님께 올려 드리는 기도가 향처럼, 아니 향이 되어 하늘에 올라온다는 말씀은 우리를 감동시키고도 남는다.

더욱 놀라게 하는 것은 그 기도가 금 대접에 가득 쌓였다는 것이고 그 금 대접을 네 생물과 이십사 장로들이 들고 있다는 점이다. 성도가 하나님께 드린 기도들이 향으로 이십사 장로들이 들고 있는 금 대접 위에 쌓였다는 말씀은 참으로 이채롭고, 아름답고, 감사하다.

이러한 기도에 대한 계시는 계속된다.

> 일곱 째 인을 떼실 때에 하늘이 반 시 동안 쯤 고요하더니 (중략) 천사가
> 와서 제단 곁에 서서 금향로를 가지고 많은 향을 받았으니 이는 모든 성도
> 의 기도들과 합하여 보좌 앞 금 제단에 드리고자 함이라. 향연이 성도의
> 기도와 함께 천사의 손으로부터 하나님 앞으로 올라가는 지라 (계8:1-4)

천사가 받은 '많은 향'이 무엇일까. 향이 성도의 기도(계5:8)라고 하였
으니 많은 향은 많은 성도의 기도라고 이해할 수 있을 것이다. 그런데
이러한 이해는 무엇인가 잘못되었다는 느낌을 준다. 우선 천사가 받은
많은 향이 성도의 기도와 합쳐서 제단에 드려질 것이라고 되어 있기에
많은 향과 성도의 기도는 별개의 것임을 시사하고 있기 때문이다. 또한
향연이 성도의 기도와 함께 올라간다는 표현을 볼 때도 그러하다.

이와는 달리 천사가 받은 '많은 향'을 하나님께 받은 것으로 보면 오
히려 전체 문맥이 매끄럽게 이해된다. 이러한 가정이 옳다면 그것은 무
엇을 상징하는 것일까. 성도가 드린 기도를 향이라고 표현한 것을 볼
때 그 '많은 향'은 주 하나님의 마음, 소원, 뜻을 상징하는 것은 아닐
까? 우리는 마땅히 기도할 바를 알지 못하나 성령 하나님께서 말할 수
없는 탄식으로 우리를 위하여 친히 간구하신(롬8:26) 그 기도들이 아닐
까? 향연이 성도의 기도와 함께 올라간다는 것은 주 하나님의 마음과
뜻이 일치된 그러한 기도들이 하나님께 상달된다는 것을 보여 주는 것
은 아닐까?

금 대접에 차곡차곡 쌓였던 '성도의 기도들'은 천사에게 전해진다. 천
사는 그 '모든 성도의 기도'(계8:3)를 (금향로에 담아) 보좌 앞 금 제단에 드
린다. 향연이 '성도의 기도'와 함께 천사의 손으로부터 하나님 앞으로
올라간다.

천사는 제단의 불을 금향로에 담아 채웠다. 그리고 그것을 땅에 쏟았다. 우레와 음성과 번개가 거기서 나왔다. 지진이 생겼다.

하나님께서는 '모든 성도의 기도'에 응답하신다. 그 응답은 '우레, 음성, 번개, 지진'으로 나타난다(계8:5). 이 '우레, 음성, 번개, 지진'을 천상의 징조라고 칭한다면 이 천상의 징조가 지상에서는 어떤 모습으로 나타날지 잘 모른다. 그러나 확실한 것은 그 모든 성도도 예기치 못한 엄청난 결과를 가져올 것처럼 느껴진다. 천상의 징조들은 한 번 나타나면 지축을 흔들만한 그러한 규모와 파장을 초래할 것으로 여겨지기 때문이다.

이 기도에 관한 계시는 분명 종말에 있을 심판에 대한 계시이다. 그럼에도 불구하고 이 계시는 글쓴이의 마음을 크게 고무시킨다. 그 이유는 이 계시가 기도의 원리를 가르쳐 주고 있기 때문이다. 이루어지는 기도, 응답받는 기도가 무엇인지를 가르쳐 주기 때문이다. 어떻게 하면 기도의 응답을 받을 수 있는가를 가르쳐 주고 있기 때문이다. 기도의 길을 발견하게 하기 때문이다.

글쓴이가 깨닫게 된 기도의 길을 나누고자 한다. 만약 한국교회의 그 '모든 성도'가 다 참여하여 올려 드린 기도가 북한지하교회 그 '모든 성도'가 드린 기도와 합쳐지면 그 기도의 응답은 하나님의 불로 나타날 것이다. 한반도에서 우리가 '우레, 음성, 번개, 지진'을 목도하게 될 것이다.

남한 교회와 북한의 지하교회가 그 기도를 금향로에 찰 때까지 쉬지 않고 한다면 응답받는 그 날은 반드시 올 것이다. 우레와 음성과 번개가 한반도 하늘에서 쏟아져 내려올 것이다. 남한 교회를 가지고 놀았던 음란 우상과 황금 우상들을 단숨에 깨뜨릴 것이다. 북한 주민을 우상 앞에 절하게 하고 북한지하교회를 핍박하고 죄 없는 성도들의 무고한 피를 먹고 마셨던 그 수많은 동상들은 일시에 부서지고 불타버릴 것이다. 그리고 지진은 그 모든 박살난 우상들을 순식간에 삼켜 버리고 말 것이다.

그 날은 분명 올 것이다. 기도의 분량이 차면 올 것이다. 문제는 남한 교회의 기도의 분량이다. 북한지하교회 순교자 수는 이미 찼다. 기도의 분량도 이미 넘었다. 한반도에 그때가 더디 온다면 그것은 분명 남한교회의 탓일 것이다. 우리 교회 때문일 것이다.

아니 바로 나 때문이다.

# 일곱 인, 나팔, 대접과 재앙

> 내가 보매 어린 양이 일곱 인 중의 하나를 떼시는데 그때에 내가 들으니 네 생물 중의 하나가 우렛소리 같이 말하되 오라 하기로 이에 내가 보니 흰 말이 있는데 그 탄 자가 활을 가졌고 면류관을 받고 나아가서 이기고 또 이기려고 하더라 (계6:1-2)

처음 이 일곱 인과 나팔과 대접의 계시 부분을 접하게 되었을 때는 정말 무엇이 무엇인지 알 수 없었다. 우선 각각의 문장에 포함된 상징들이 무엇을 말하는가를 도무지 이해할 수 없었다. 또한 열 장에 걸쳐서 기술된 내용들이 사람들에게 임할 재앙을 계시하는 것 같은데 그 재앙들이 서로 비슷하게 보여 구별이 잘 되지 않았고 또 그것들이 반복되어 나타나는 것 같다는 느낌 외에는 손에 잡히는 것이 없었다. 한마디로 말하면 혼돈 그 자체였다.

여기서 탈출하기 위하여 우선 제일 먼저 해야겠다고 생각한 것은 이 일곱 인, 나팔, 대접의 계시를 요약하여 대략적인 내용을 파악해 보자는 것이었다. 해설 성경의 도움을 받아서 요한계시록 6장부터 16장까지에 기록된 계시 내용을 성경에 나타나는 순서에 따라 구분하면 다음과 같이 정리되었다.

첫째 인: 백마 탄 자 활로 승리함.

둘째 인: 적마 탄 자 큰 칼로 화평을 제하여 버림.

셋째 인: 흑마 탄 자 저울로 장사함.

넷째 인: 청황색 말 탄 자(사망) 뒤에 음부가 쫓아옴, 땅의 사분의 일을 멸할 수 있는 권세를 가짐.

다섯째 인: 순교한 자들의 영혼이 신원을 상소함. 흰 두루마기를 받고, 그 수가 차기까지 쉴 것을 응답받음.

여섯째 인: 큰 지진, 일월성신 이상, 하늘이 흔들리고 산, 섬의 이동, 사람들이 그 어린양의 진노에 심히 두려워함.

일곱째 인: 기도 향이 올라감, 향로의 불을 땅에 쏟음, 우레/음성/번개/지진이 남. 일곱 나팔을 가진 일곱 천사가 나팔 불기를 예비함.

---

첫째 나팔: 땅과 수목의 삼분의 일이 불 탐.

둘째 나팔: 바다의 삼분의 일이 피가 됨. 바다 생물의 삼분의 일이 죽음. 배의 삼분의 일이 깨어짐.

셋째 나팔: 물의 삼분의 일이 쓴물이 됨. 많은 사람이 죽음.

넷째 나팔: 일월성신 삼분의 일이 어두워짐, 낮 삼분의 일이 어두워짐.

다섯째 나팔: 첫째 화(황충으로 다섯 달 동안 사람들이 괴로움을 당함).

여섯째 나팔: 둘째 화(마병대에 의해 사람 삼분의 일이 죽음).

- 사도 요한이 작은 두루마리를 받아먹음.
- 두 증인이 예언자로 세워짐.

일곱째 나팔:

- 해산하는 여자로부터 만국을 다스릴 남자 아이가 탄생함.
- 큰 용이 하늘에서 땅으로 쫓겨남.
- 바다에서 나오는 짐승이 성도를 핍박함.
- 땅에서 올라오는 짐승이 사람들을 미혹함.
- 그 어린양과 함께 십사만 사천이 시온 산에서 새 노래를 부름.
- 세 천사와 하늘이 큰 음성으로 메시지를 선포함.
- 구름 위에 앉은 이가 낫을 휘둘러 곡식과 포도를 수확함.
- 짐승을 이긴 자들이 유리바닷가에서 그 어린양의 노래를 부름.
- 일곱 재앙을 가진 일곱 천사가 하나님의 진노가 가득한 일곱 금 대접을 받음. 일곱 재앙(마지막 재앙)이 예비됨.

첫째 대접: 땅에 쏟음, 악하고 독한 종기가 남.

둘째 대접: 바다에 쏟음, 바다가 피가 됨, 바다의 생물이 죽음.

셋째 대접: 강과 물의 근원에 쏟음. 물이 피가 됨, 성도를 핍박한 자들이 피로 변한 물을 마시게 함.

넷째 대접: 해에 쏟음. 해가 불로 사람을 태움,

다섯째 대접: 짐승의 왕좌에 쏟음. 짐승의 나라가 어두워짐, 사람들이 고통을 당함.

여섯째 대접: 큰 강 유브라데에 쏟음. 강이 마름, 왕들의 길이 예비됨. 용/짐승/거짓 선지자의 입에서 귀신의 영이 나옴. 천하의 왕들을 아마겟돈으로 모아서 전쟁을 준비함.

일곱째 대접: 공중에 쏟음. 큰 음성이 발함. 번개, 우렛소리, 큰 지진이 생김. 큰 성 바벨론과 만국의 성들이 무너짐. 무겁고 큰 우박이 하늘로부터 사람에게 쏟아짐.

믿지 않는 사람들이 재앙을 받아 죽임을 당하는 것을 정리해 보면 다음과 같다.

1) 넷째 인, 청황색 말을 탄 자 즉 사망에 의하여 많은 사람들이 죽임을 당함.

2) 셋째 나팔에 의하여, 물이 쓰게 되어 이를 마신 많은 사람들이 죽임을 당함.

3) 여섯째 나팔에 의하여, 나타난 마병대에 의하여 사람 삼분의 일이 죽임을 당함.

4) 분명하게 드러나지는 않지만 일곱 대접 재앙으로 인하여 많은 사람들이 죽임을 당함.

이렇게 정리를 해 놓고 나니 미로요, 카오스 같았던 계시의 내용들이 어느 정도 감이 잡혔다. 나중에 전문가들이 해 놓은 구조 분석을 보니 글쓴이가 했던 것과는 상당히 차이가 있다는 것을 알게 되었다.

이러한 정리를 통하여 회개할 기회를 주었음에도 회개하지 아니하고 하나님에게 대항하는 자들이 받을 재앙은 점진적으로 증폭된다는 것과 마침내 그들은 최후의 심판을 받아 영원한 멸망(사망)에 이르게 된다는 것을 깨달을 수 있었다. 그런데 문제는 여전히 남아 있었다.

이렇게 삼중으로 얽힌 복잡한 계시의 구조를 파악하였다고 해도 계시의 상징이 의미하는 것이 무엇인지에 대해서는 새롭게 알게 된 바가 전혀 없었다. 구조 파악이 실제 내용 파악과는 연결이 되지 않은 것이었다. 결국 계시에 나오는 상징이 무엇을 의미하는가를 이해할 수 없으면 이 미로에서는 영원히 빠져나올 수 없다는 느낌이 더욱더 들었다.

이들 상징에 대해서 주석가들과 전문가들마다 이해를 달리하였다. 어떤 주석은 그동안 발간되었던 모든 주석의 내용을 열거해놓아서 혼돈만 가중시켰다. 방대한 자료를 집대성해 놓은 업적은 높이 평가될 수 있겠으나 비전문가의 눈에도 자료적 가치가 없는 것처럼 보이는 것들이 포함되어 있었기 때문이었다. 요한계시록 신학도 분명 시간이 지남에 따라 발전하였을 터인데.

결국 여기까지였다. 글쓴이는 더 나아갈 수 없는 절벽을 만난 것이었다. 글쓴이로서는 최선을 다하였지만 계시의 상징에 대한 이해는 글쓴이의 능력 밖에 있음을 뼈저리게 인식하는 순간이었다.

# 그 수(數)가 차기까지

> 각각 그들에게 흰 두루마기를 주시며 이르시되 아직 잠시 동안 쉬되 그들
> 의 동무 종들과 형제들도 자기처럼 죽임을 당하여 그 수가 차기까지 하라
> 하시더라 (계6:11)

2013년 1월 1일 조선닷컴 뉴스에 '북녘서 들려온 숨죽인 기도' 제목
의 기사가 있었다.[18] 그 기사는 북한지하교회 성도들이 예배를 드리는
장면을 촬영한 영상을 공개한 것이다. 그 영상 중에는 북한 청진 지하
교회의 한 자매가 골방에서 무릎 꿇고 기도하는 장면이 있다. 그 자매
의 기도를 인용하면 다음과 같다.

"이 나라는 독재정치가 살판을 쳐서 수많은 사람이 굶어 죽고 감옥
에 들어가 매 맞고 병에 걸려도 약을 쓰지 못하고 죽고 있습니다. 하나
님 아버지시여, 당신의 아들딸들이 죽어가고 있는데 왜 구원의 손길을
주지 않으십니까?"

---

18) 인터넷 자료 출처
   http://news.chosun.com/site/data/html_dir/2013/01/01/2013010100143.html

기사는 안타까운 내용을 전하는 것으로 끝맺음되었다.

"영상에 등장한 교인들은 2007년 모두 붙잡힌 뒤 연락이 끊겼다. 이들뿐 아니라 가족 모두가 처형된 걸로 보인다."

신앙인으로서 글쓰기의 주제로 가장 부담스러운 것이 배교(背敎)이고 순교(殉敎)이다. 이 둘은 사실 동전의 양면이라고 할 수 있다. 기독교 신앙을 금지하는 국가에서 기독교 신앙을 믿는다는 것 그리고 고수한다는 것은 곧 죽음을 뜻하는 것이었다. 초대 기독교인이 그러했고 오늘날 북한지하교회 성도가 그러하다. 기독교인이라고 고백하는 것은 곧 순교를 각오한다는 것이었다. 기독교인과 순교자는 동의어였다.

배교는 그 마지막 순간에 나온다. 칼날 앞에서 자신의 목숨을 완전히 주님께 맡기지 못하여 혹 이러 저러한 이유로 주님을 배반하는 것이다. 죽음이 두려워 결국 믿음을 저버리는 것이다. 순교 앞에서 돌아서는 것이 바로 배교다.

순교로 죽은 영혼들이 하나님 아버지 앞에 외친 절규를 들어 보자.

"거룩하고 참되신 대주재여,
땅에 거하는 자들을 심판하여 우리 피를 신원하여 주지 아니 하시기를 어느 때까지 하시려나이까?"

순교자들의 갈망은 바로 그 피 흘림에 대한 보응으로 우리를 죽인 자들을 심판하시는 것을 하루라도 속히 해 달라는 것이 아닐까.

이러한 간절한 간구에 대해 주 하나님은 그들에게 흰 두루마기를 주면서 위로하신 다음 더욱더 인내할 것을 명하셨다. 그 인내의 기간은 '그 수가 차기까지'였다.

북한지하교회 성도의 무고한 뜨거운 피가 지금 이 순간에도 북녘땅 산하를 적시고 있는 현실을 볼 때 청진교회 자매가 간구하였던 것처럼 한국교회도 신원해 주시기를 간구하지 않을 수 없을 것이다. 그러나 우리에게 주어진 명령은 그 수가 차기까지 인내하며 기다리는 것이다. 참으로 역설적인 것은 순교자의 수가 다 차야 심판이 시작된다는 것이다.

만약 심판이 재림하시는 주님이 주도하시는 그 심판을 의미한다면 주님의 재림이 선행되어야 한다는 뜻이다. 여기서 한 걸음 더 나가면 순교자의 수가 차야 주님이 재림하시고 이어서 심판이 시작된다는 것이다.

이러한 가정은 사실 설교시간에 잘 들어 본 적이 없어서 이런 논리를 펴나가는 것이 몹시 부담이 된다. 그래서 주님의 재림과 연관을 짓는 관점을 잠시 접어 두고 '그 수가 차기까지에' 집중하여 생각해 보자.

만약 '그 수가 차기까지'라는 하나님의 말씀이 상징이 아니라 문자 그대로라면 어떤 메시지를 우리가 받겠는가.

이 계시의 말씀을 받을 때로부터 지금까지 지상교회에는 무수한 순교자가 있어 왔다. 한국기독교순교자 기념관에 의하면 1884년부터 1989년까지 약 2,600명의 순교자가 있었다고 한다.[19] 모퉁이돌 선교회

---

19) 인터넷 자료 출처 http://www.martyr.or.kr/

가 국민일보에 공개한 자료에 의하면 북한에서 순교한 성도의 숫자는 1945년부터 2006년까지 16,984명으로 추산된다고 한다.[20]

지금 북한에는 약 20만 명의 지하교회 성도가 있고 7-8만 명이 정치범수용소에 있다고 알려지고 있다. 북한지하교회의 1/3이 환란을 당하고 있으며 순교자의 길에 서 있는 것이다. 북한에 대한 이러한 통계 자료들이 정확할 순 없을 것이다. 그럼에도 불구하고 미국 다음으로 많은 선교사를 파송하고 있는 한국 교회이지만 한국 교회는 북한지하교회에 빚이 많다고 인정할 수밖에 없다.

'그 수가 차기까지'에 북한지하교회가 기여한 바에 비하면 한국교회는 자랑하는 성도 수에 비하여 정말 기여한 바가 적다고밖에 말할 수 없다. 지구촌 대부분의 교회 역시 북한지하교회에게 빚이 있는 것이다. 그 수가 다 차야 주님이 오신다는 가정이 만약 맞는다면 더욱더 빚은 많아진다.

---

20) 인터넷 자료 출처
   http://news.kmib.co.kr/article/view.asp?arcid=1236821559

# 오해와 진실

> 사로잡힐 자는 사로잡혀 갈 것이요 칼에 죽을 자는 마땅히 칼에 죽을 것이니 성도들의 인내와 믿음이 여기 있느니라 (계 13:10)

지금 돌이켜 생각해 보니 그동안 요한계시록에 대해서 많은 오해를 하였던 것 같다. 첫 번째 오해는 요한계시록에 기록된 계시들이 무섭고 두렵다는 것이었다.

사실 지금도 그러한 느낌들이 조금 남아있지만 과거에 비하면 없는 것이나 마찬가지다. 예전에 글쓴이가 가졌던 무서움과 두려움은 계시의 내용을 잘 분별하지 못하였기 때문에 생긴 것이었다. 이를 좀 더 설명하면 성도가 받는 환란과 하나님의 진노로 말미암아 불신앙인들이 보응받는 재앙을 구분하지 못하여 괜히 두려워했던 것이다.[21]

환란은 교회가 이 땅에서 당하는 고난을 말한다. 이 세상이 아직 완전히 하나님의 나라가 되지 못하였기 때문에 또는 기독교를 인정하지 않는 세상에 살기 때문에 세상 사람들로부터 받는 핍박을 말한다. 시험이라고 할 수도 있을 것이다. 환란으로 인해 많은 성도가 순교를 당할 수 있을 것이다. 예수님은 유대인들이 당할 큰 환란을 언급한 바 있다(마24:21).

---

[21] 노우호, 쉽게 이해되는 요한계시록(도서출판 하나, 2005), p.309-316.

환란이 걱정이 되는가, 순교에 대하여 자신이 없는가?

글쓴이처럼 심약하고 믿음이 약한 자들을 위해 주님은 그 혹독한 시험을 피할 수 있는 방법을 마련해 두셨음을 깨닫고 나서 얼마나 마음이 든든해졌는지 모른다. "거룩하고 진실하사 다윗의 열쇠를 가지신 이, 곧 열면 닫을 사람이 없고 닫으면 열 사람이 없는" 주님께서 인내의 말씀을 지키는 자들에게 "시험의 때를 면하게 하리니"란 견고한 약속을 하신 바가 있음을 상기하자(계3:10). 우리가 주님의 말씀을 굳건히 붙잡고 인내하며 주님의 이름을 모른다고 하지 아니하면 빌라델비아 교회처럼 우리 역시 시험의 때를 면하게 되는 것이다.

이에 반하여 재앙은 하나님을 믿지 않는 자들이 받는 하늘의 벌이다. 회개할 것을 권고하였음에도 불구하고 이를 묵살할 뿐 아니라 오히려 하나님께 대항하는 사람들에게 진노하시는 하나님이 내리시는 저주이다. 재앙은 성도가 받는 것이 아니다. 재앙은 믿는 사람들과는 아무런 상관이 없다. 문설주에 바른 어린 양의 피가 그 집 안에 있는 사람들을 보호해 주었듯이 예수 그리스도의 보혈이 재앙으로부터 믿는 자들을 보호하실 것이다.

일곱 인과 나팔과 대접이 보여 주는 계시는 모두 하나님을 믿지 않고 하나님에 대항하는 자들이 받을 재앙에 관한 것이다. 믿는 이들이 이 재앙을 두려워하고 무서워한다면 성경 말씀을 오해하였거나 말씀을 온전히 믿지 못하는 불신앙 때문이다.


두 번째 오해는 요한계시록이 주는 메시지가 암울하다는 것이다. 이러한 느낌을 가지게 된 것은 교회가 세상으로부터 받는 수난과 핍박을 비관적으로 생각한 탓이었다. 또한 그것들이 요한계시록의 계시 내용의 전부라고 생각하고 있었으니 그럴 수밖에 없었던 것이다.

요한계시록을 처음부터 끝까지 찬찬히 읽어보면 오히려 환란을 당한 교회의 승리를 예언하고 있음을 알 수 있다. 다시 말하면 요한계시록은 교회(성도)가 승리하는 영광스러운 모습을 미리 보여 주는 책이다. 승리를 향하여 나아가는 과정 중에 교회가 시험으로 인한 고난과 환란을 당하고 때로는 성도가 순교하는 모습도 보여주지만 교회는 결국 '이기는 자'가 된다. 그러므로 요한계시록의 주제는 교회의 궁극적인 승리라고 말할 수 있다.

계시록에는 또한 승리한 교회(성도들)이 받을 영광스러운 상급이 자세히 열거되어 있다. 비록 이 세상에서 받아 누릴 상급은 없지만, 하늘나라에는 놀라운 상을 받는다. 그 상은 지금 우리들이 도저히 상상할 수 없는 그런 상임에 틀림없다.

요한계시록에는 예수님을 믿지 않는 자들이 받을 심판을 보여 준다. 또한, 하나님에 대항하고 성도를 핍박한 악한 존재들이 받을 처벌도 보여 준다. 악한 자들의 우두머리인 사탄이 최후의 심판대에서 영원한 사망을 선고받고 영원한 형벌에 처해지는 것을 보는 것은 정말 통쾌한 일이다. 할리우드 영화보다 더 멋진 결말이 드러난다.


셋째 오해는 종말에 관한 것이었다. 종말의 의미와 그 시기에 대하여 많은 오해가 있었다.

종말이 의미가 있는 것은 주님의 재림과 연관이 되어 있기 때문이다. 그때에는 세상 사람들과 악한 존재들이 심판을 받고 멸망을 선고받는다. 주님이 다시 오셔서 이 모든 일들을 이루시는 것이다. 그리고 만물이 새롭게 된다. 처음이 나중으로 최종 귀결되는 것이다. 하늘의 뜻이 땅에서도 완전히 이루어지는 것이다. 종말이 끝이 아니고 완성이라는 것을 몰랐던 것이다.

이러한 종말을 우주적인 종말이라고 한다면 우리 각자가 맞이하게 될 종말, 즉 개인적인 종말도 있다. 우리가 우주적인 종말을 목도할 수도 있지만, 그 시기가 도래하기 전에 우리가 하나님의 나라에 들어갈 수도 있을 것이다. 개인적인 종말이란 성도가 하나님 나라에 들어가는 사건이다. 주님이 오시기 전에 우리가 주님을 맞으러 가는 것이다.

영광의 주님이 재림하시는 그 시기에 관해서는 성경에 명백하게 기록되어 있다. 그러나 이단들은 여전히 종말의 시기와 주님의 재림을 자의적으로 해석하여 사람들을 현혹시킨다. 믿음이 어린 자들이 종말에 대한 거짓 가르침에 빠져드는 이유는 주님이 가르쳐 주신 재림 계시에 대한 바른 이해가 부족하거나 온전한 믿음이 없기 때문이다.

요한계시록이 난해한 책임에는 틀림없지만 성경교사와 목회자들은 이 책에 기록된 계시의 말씀을, 그 메시지를 성도들에게 가르치는데 소홀히 해서는 안 될 것이다.[22] 이 일을 하기 위해서는 현재 우리가 확실히 알고, 믿는 것과 여전히 모르는 것에 대한 구분이 필요할 것이다.

교회가 모르는 것을 다른 사람이 알 수 없다. 계시는 '그 종들'에게 주신 것이기 때문이다(계1:1). 교회 밖에도 '그 종들'이 있다고 믿는 것은 매우 위험한 생각이다. 그들이 진정 '그 종들'에 속한 자들이면 교회 안으로 들어올 수밖에 없다. 주님의 몸 된 교회 안으로 말이다.

---

22) 총회유사기독교연구위원회, 평신도를 위한 요한계시록 공과(총회출판국, 2010), p.11.

# 큰 성 바벨론 멸망되다

> 그의 입에서 예리한 검(劍)이 나오니 그것으로 만국을 치겠고 친히 저희를 철장(鐵杖)으로 다스리며 (계19:15)

요한계시록을 공부하는 이유가 사람에 따라 다르겠지만 그중 한 가지는 미래의 영역에 속하는 것들이 실제로 어떻게 될 것인가 하는 호기심 때문일 수도 있을 것이다. 글쓴이 역시 앞서 다룬 바 있는 신비에 속한 하나님의 모습에 대한 궁금증이 중요한 요인이 되었다. 또한 사람들을 타락시키고 타락한 자들을 배후에서 조종하는 악한 자, 사탄의 말로를 직접 확인하고 싶은 것 또한 한 이유였다.

글쓴이는 계시의 상징을 잘 이해하지는 못했지만 그럼에도 불구하고 꼭 다루고 싶은 것은 요한계시록 16장, 17장, 18장, 19장까지 네 장에 걸쳐서 조명되고 있는 바벨론에 관한 환상이었다. 그 환상이 앞 장들에서 보인 환상들과 어떤 연결이 되어있는지는 잘 모르겠지만 모두 22장으로 되어 있는 요한계시록 중에서 4장을 차지하는 분량을 보아서도 분명 중요한 사안을 다루고 있다고 생각되었기 때문이었다.

바벨론에 대한 환상을 이해하기 위하여 사전 조사 차원에서 이스라엘 역사를 간략하게 살펴보았다. 언약의 백성으로 왕국을 이루었던 이스라엘은 솔로몬 왕 사후에 북 이스라엘 왕국과 남 유다 왕국으로 분열되었다. 북 이스라엘 왕국은 아수르에 의하여 기원전 722년에 멸망하였다. 남 유다 왕국은 기원전 586년에 바벨론의 느부갓네살 왕의 침입을 받아 멸망하였다.

유대인의 입장으로 볼 때 바벨론은 자신들이 개처럼 여기는 이방인의 나라이다. 이 이방인 나라가 쳐들어와서 자신의 나라를 멸망시키고 하나님의 성전을 훼파하고 성전기물을 약탈하였을 뿐 아니라 수많은 백성들을 종으로 바벨론으로 끌고 갔다. 그러므로 바벨론은 유대인들에게는 그야말로 적국(敵國) 중의 적국이다.

바벨론은 왕국 이름이기도 하지만 그 왕국의 가장 큰 도시 이름이기도 하였다. 그러므로 '바벨론 성'은 일차적으로 바벨론 도시에 있는 성을 의미할 것이다. 당시 도시의 중요 장소들은 외성 안에, 왕궁은 내성 안에 위치했다는 사실을 감안한다면 '바벨론 성'은 바벨론 도시 혹은 바벨론 왕국의 왕궁을 지칭할 수도 있을 것이다. 여기서 한 걸음 더 나아가서 '바벨론 성'은 바벨론 왕국을 의미하는 단어로 쓰일 수도 있을 것이다.

고고학 발굴 자료에 의하면 바벨론 성은 이중 성벽으로 둘러싸였고 그 둘레는 10마일 정도가 되었다고 한다. 특히 내성의 외벽 두께는 3.7미터/12피트, 내벽의 두께는 6.5미터/21피트였다. 이중 성벽 사이에 난간으로 연결된 통로를 만들어 군사 목적으로 사용하였으며 성안에는 해자도 만들었다. 성에는 8개의 거대한 출입문이 있었으며 문에는 바벨론의 우상인 황소와 용의 부조가 장식되어 있었다고 한다. 출입문에서 성안에 있는 신전으로 이어지는 길의 양쪽에는 온갖 종류의 신들의 동상들을 세워 놓았다고 한다.[23] 이로 미루어 볼 때 당시의 바벨론 성은 엄청난 규모로 만들어진 난공불락의 요새처럼 보였을 것이다. 또한 우상 숭배가 심한 도시였음을 부인할 수 없을 것이다.

바벨론 왕국은 기원전 539년 바사에 의하여 멸망되었기에 요한계시록이 기록될 당시 바벨론 왕국은 더 이상 지구상에 존재하지 않는 나라였다. 바벨론 왕국의 멸망 이후 바벨론성은 어떻게 되었을까. 도시는 그때까지 존속되고 있었을까.

유대인의 적국 바벨론이, 그 수도인 바벨론 성이 사도 요한이 본 환상 속에 다시 나타난 것이었다. 사도 요한은 이 단단하고 튼튼하게 축성된 '큰 성 바벨론'이 하늘에서 내린 '번개와 음성들과 우렛소리, 그리고 창세 이후 없었던 큰 지진'에 의하여 순식간에 세 갈래로 갈라져 무너지는 것을 보았다(계16:18-19). 뿐만 아니라 모든 나라들의 성들도 함께 무너지는 것을 보았다. 하나님의 나라의 표상으로 이 땅에 존재했던 다윗 왕국을 멸망시킨 바벨론 왕국이 하늘의 심판을 받아 멸망하게 되는 환상을 보게 되었던 것이다.

사도 요한은 '큰 성 바벨론'이 심판받는 환상에 이어 다른 환상을 또한 보았다. 그것은 큰 음녀가 받을 심판에 관한 환상이었다. 환상 중에 보였던 '큰 성 바벨론'은 어느새 큰 음녀로 대치되어 있었다.

---

**23)** Alan Millard, Handbook to the Bible, The Babylonians(Zondervan, 1999), p.456-457.

글쓴이는 혼란스러워졌다. 보여지는 환상이 이해할 틈도 주지 않고 빠르게 지나가고 있다고 생각되었기 때문이다. 글쓴이는 공책 위에 환상 속에 등장하는 인물들을 중심단어로 생각하고 서로의 관련성을 정리해 나갔다.

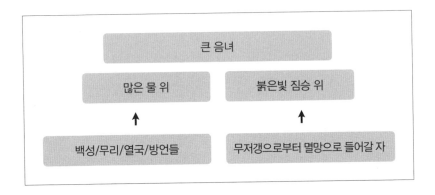

'큰 음녀'는 많은 물 위에 앉아 있었다. 또한 붉은빛 짐승 위에 앉아 있었다. 붉은빛 짐승의 '몸에는 참람된 이름이 가득하고 일곱 머리와 열 뿔'이 있었다. 음녀는 자주 빛과 붉은빛 옷을 입고 금과 보석과 진주로 꾸미고 손에 금잔을 가졌는데 가증한 물건과 그의 음행의 더러운 것들이 가득하였다. 큰 음녀의 이마에는 '비밀이라, 큰 바벨론이라, 땅의 음녀들과 가증한 것들의 어미'라는 이름이 기록되어 있었다.

천사는 그 환상을 해석해 주었다. 음녀가 앉은 물은 '백성과 무리와 열국과 방언들'이라고 하였다(계17:15). 또 큰 음녀가 앉은 붉은 빛 짐승은 '전에는 있었으나 시방은 없으며 장차 무저갱으로부터 멸망으로 들어갈 자'(계 17:8)라고 알려 주었다. 그 짐승의 일곱 머리는 큰 음녀가 앉은 일곱 산이요, 일곱 왕(계17:9-10)이라고 하였다. 그 짐승의 열 뿔은 열 왕(계17:12)이라고 하였다.

'큰 성 바벨론'과 '큰 음녀'는 어떤 관계가 있을까?

큰 음녀는 '땅의 임금들을 다스리는 큰 성'이라고 하였기에(계17:18) 큰 음녀는 큰 성 바벨론을 지칭하는 것으로 보인다. 아니 큰 성 바벨론과 큰 음녀는 거울상(mirror image)이다. 바벨론성이 거울을 쳐다보면 거울 속에 음녀가 보이고 음녀가 쳐다보면 바벨론성이 보인다.

바벨론 성은 세상 눈으로 보면 웅장하고 멋진 거대한 성읍이다. 그러나 영적으로 보면 음란하고 방탕하고 사치함의 극치를 보이는 더러운 곳이다. 이 둘은 너무나 궁합이 잘 맞아 마치 하나인 것처럼 보인다. 바벨론성이 음녀요 음녀가 바벨론성인 것이다. 아니 큰 음녀가 큰 성 바벨론을 지배하고 있는 것 같다. 큰 음녀의 집이 바로 큰 성 바벨론인 것이다.

이 육욕덩어리는 두 세계를 거느리고 살아간다. 하나는 온갖 종류의 사람들이다. 천국시민에 속하지 못하는 모든 나라의 사람들이다. 다른 하나는 사탄의 부하라고 할 수 있는 '짐승'이다. 아니 짐승과 동체가 되어버린 세상의 권력자들이다. 하나님이 세워주신 지위를 짐승에게 갖다 바친 자들이다. 하나님에 세운 자들의 지위를 불법 강탈하여 짐승에게 바친 자들이다.

사도 요한이 묘사한 계시록 17장의 환상을 천사의 해석을 들으면서 보면 하나의 그림이 머릿속에 쉽게 그려진다. 너무나 많이 보아온 익숙한 그림이다. 섹스와 돈과 권력과 탐욕과 사치와 방탕으로 가득 찬, 지금 우리가 속해 살고 있는 세상의 모습 그 자체이다.

하나님 섬기기를 거부한 세상 사람들은 그들의 신인 맘몬을 섬기고 산다. 그들의 맘몬은 돈이요, 권력이요, 섹스이다. 그러므로 큰 성 바벨론은 주님의 우리에 들어가지 못하고 맘몬을 섬기는 사람들이 사는 세상이라고 이해할 수 있을 것이다. 큰 음녀는 세상 사람들이 섬기는 맘몬이라고 할 수 있다.

이 육욕덩어리요 복합체라고 할 수 있는 큰 성 바벨론과 큰 음녀의 최후는 어떻게 결말이 날까.

궁금하지 않는가.

큰 음녀는 결국 그녀를 여신으로 섬겨왔던 '짐승'과 '열 뿔'에 의하여 벌거벗겨지고 살은 짐승에 의하여 먹힘을 당하고 죽은 시체는 세상 권력자들에 의하여 불타게 된다(계17:16). 평소 잠자리 한 번 해주면 온갖 것을 다 줄 것 같이 헐떡거리던 존재들이 완전히 미쳐버렸던 것이다. 끝없는 욕망을 해소할 방법을 생각해내었던 것이다. 남들이 탐할 수 없고 오직 혼자만 즐길 수 있는 방법을 짜낸 것이다. 그들은 신처럼 받들던 음녀를, 그 육체를 아예 먹어 자신의 몸 속 깊은 곳에 가두어서 독점하려 했던 것이다. 악한 자들의 극악한 생각의 결말이 얼마나 악마적인가!

원래 사탄은 그러한 존재이다. 죽이고 도적질하는 것이다.

하나님의 인내는 영원할 수 없다. 하나님은 이 음란하고 패역한 세상을 심판하신다. 하늘에서 번개와 음성들과 뇌성이 발하였다. 이 하늘의 징조는 무엇을 상징하는가. 하나님의 진노하심과 격노하심 외에 무엇을 더 생각할 수 있을까.

땅은 무서워 떨며 갈라졌다. 세상 사람들이 경험했던 것보다 더 큰 지진이 생겼던 것이다. 성을 이중 아니라 십중으로 겹겹이 쌓은들 제대로 서 있을 수 있을까. 성벽 두께를 26피트가 아닌 2,600피트로 두껍게 한들 그 지진에 견딜 수 있을까. 힘센 천사가 연자 맷돌 같은 돌을 들어 바다에 던져 그 돌이 보이지 않듯이 큰 성을 자랑했던 바벨론 성은 결코 다시 볼 수 없이 땅 속으로 사라졌던 것이다.

유대인 조상들의 원수였던 바벨론 나라를 상징한다고 할 수 있는 '큰 성 바벨론'이 하나님의 심판을 받아 멸망할 것이라는 묵시는 당시 그리스도인을 박해하고 학살하는 자들, 아니 그 명령을 내리는 로마 제국 황제와 그 추종자들이 한순간에 망하고 말 것이라는 예언으로 받아들여지지 않았을까.

눈에 보이는 현실적인 절대 권력들이 결국 심판을 받는다는 것을 보여주며 지금의 고난을 인내로 이겨내도록 독려하는 것은 아닐까.

핍박을 받고 있던 당시 그리스도인들에게 그러한 메시지로 받아들여진 반면 오늘날 신앙의 자유를 만끽하며 살아가고 있는 이 땅의 그리스도인과 교회는 또 다른 시각의 메시지를 받게 된다. 하나님의 백성이 되었지만 남몰래 음녀의 몸을 탐닉하고 있는 자들을 깨우는 하늘의 음성 말이다.

"내 백성아,
거기서 나와 그의 죄에 참여하지 말고
그의 받을 재앙들을 받지 말라(계18:4)"

글쓴이는 이 말씀을 통하여 다음과 같은 메시지를 받는다.

"한국교회야,

그 음녀의 품에서 어서 빠져나오너라

음녀가 범한 죄를 범하지 말라

음녀가 받을 재앙을 함께 받지 말라"

큰 성 바벨론은 결국 세상을 지칭하고 있다. 하나님의 나라가 되기를
거부한 인간 세상이다. 하나님 없이 나라를 세우고, 하나님 없이 나라
를 다스리고, 하나님 없이 살아가는 사람들이 만든 바벨탑이다.

인류가 아무리 선을 지향하고, 자유를 추구한다고 하며 평등을 금
과옥조로 삼고 소수자의 인권을 보호한다고 하나 그 끝은 짐승과 음
녀에 의하여 놀아나는 속된 세상일 뿐이다. 그렇다, 주님은 분명히 말
씀하셨다.

┃ 육으로 난 것은 육이요 (요3:6)

하나님의 피조물을 타락시키고 배후에서 그들을 조종한 악한 것들
은 어떻게 되었는가. '그 짐승과 거짓 선지자와 사탄'은 응당 심판을 받
는다. 짐승과 거짓 선지자의 종말은 차라리 싱겁다. '그 짐승'은 '땅의
임금들과 그들의 군대들'을 모아 하늘의 군대와 전쟁을 해보지만 이내
잡히고 표적을 행하던 '거짓선지자도 함께 잡혀' '이 둘이 산채로 유황
불 붙는 못에 던짐'을 받게 되는 것이다(계19:19-20).

그들의 우두머리인 사탄은 어떻게 되는가. 천사가 무저갱의 열쇠와
큰 쇠사슬을 가지고 하늘로부터 내려와서 사탄을 잡아서 결박하여 무
저갱에 던져 넣어 잠가버리는 것이다. 천 년 후에 사탄이 그 옥에서 잠

깐 놓여 성도들을 공격하나 그것 역시 성공하지 못한다.

하늘에서 불이 내려 사탄을 동조했던, 땅의 사방 백성 곧 곡과 마곡을 태워버린다. 사탄은 불과 유황 못에 던져 버림을 받는다. 그곳에는 사탄의 부하인 짐승과 거짓 선지자가 먼저 와 있다. 이들 거악(巨惡) 셋은 죽고 싶어도 죽지 못하고 세세토록 괴로움을 당하는 영원한 죽음을 맞이하게 된다(계20:10).

요한계시록은 엄청나게 많은 부분을 할애하여 '큰 성 바벨론'의 심판을 자세하고 상세하게 다루고 있었다. 이에 비해 최후까지 하나님에게 대항했던 사탄과 그 부하인 짐승과 거짓 선지자에 대한 심판은 정말 별 이야깃거리가 되지 않는 듯이 가볍게 다루고 있다는 느낌을 받았다.

글쓴이의 이러한 느낌은 틀린 것이 아닐 것이다. 악의 종말은 이미 예견되었다. 하나님의 아들 예수 그리스도께서 십자가에서 죽으시고 죽음에서 부활하여 부활의 첫 열매가 되었을 때 이미 그들은 치명적인 패배를 하였다. 그러나 거짓의 아비인 사탄과 그 부하들은 그들의 장기인 거짓을 교묘하게 살렸던 것이다. 치명상을 입었으면서도 아무렇지도 않은 듯 배후에서 사람들을 조종해 왔던 것이다.

치명상을 입은 것들이 싸움의 상대가 되겠는가. 자기들이 완전히 죽게 되었으니 자기들로서는 정말 혼신을 다해 싸웠을런지 모른다. 그러나 하나님과 대적하여 이길 자가 있겠는가. 애초에 싸움이 되지 않은 싸움이었다. 싸움은 싱겁게 끝날 수밖에 없는 것이었다.

하나님의 대적자인 큰 성 바벨론이 격노하시는 하나님에 의하여 철저히 심판받고 멸망당하는 계시는 우리 모두에게 여간 큰 힘이 되는 것이 아니다. 큰 소망이 된다. 지금 북녘 땅에서 독버섯처럼 버젓이 서

있는 또 하나의 큰 성 바벨론 역시 뽑혀져 지구 위에서 영영 사라질 그 날이 올 것이기 때문이다.[24]

수십만 주민들을 굶겨 죽인[25] 평양성과 곳곳에 서 있는 잡다한 우상들은 순식간에 조각조각 나서 땅속으로 사라질 것이다. 북한 주민들을 위협하고 감금하고, 고문하고, 총살하던 온몸에 찬란한 이름을 새긴 짐승은 유황불 못에 들어갈 차례가 다가오고 있다.

정치범수용소에서 말할 수 없는 고통을 겪었던 우리 형제들이, 토굴에서 골방에서 소리 내어 찬송하고 싶었으나 할 수 없었던 자매들이 할렐루야 소리치며 나와 마음껏 주 하나님을 찬양할 수 있는 그 날이 성큼 다가오는 것이다.

심판은 바로 그런 것이다.
그런 날이 올 것이다.
반드시 온다.
그 날이 하루속히 오도록 남한교회가 북한지하교회와 함께 두 손 잡고 이렇게 기도하고 있는 것이다.

---

24) 반디, 고발(조갑제닷컴, 2014), p.277.
25) 2010년 11월 23일에 발표된 통계청 보도자료 중 〈1993-2055 북한인구 추계〉에 의하면 소위 '고난행군기'로 알려진 1996년부터 2000년 사이에 발생한 초과사망 수가 약 34만 명으로 추정되었다. 이는 그동안 알려졌던 아사자 수의 최대 추정치인 삼백만 명에 비하면 매우 낮게 추정된 통계치로 판단된다.

주여,

어서 속히 그 날을 주옵소서.

지체하지 마소서

지금 기도하고 있는 이 순간에도

주께서 사랑하는 자들이

죽어가고 있습니다.

# 거룩한 성 내려오다

큰 성 바벨론이 하나님의 심판을 받아 멸망한다는 계시는 정말 통쾌한 것이었다. 속이 후련하고 오랜 체증이 가라앉는 기분이었다. 그런데 더 기분 좋은 소식이 있었다. 그것은 타락한 세상이 비로소 온전하게 된다는 것이었다. 새 하늘과 새 땅으로 된다는 것이었다. 여기서 더 흥분되는 것은 하늘로부터 그 거룩한 성이 내려온다는 것이다.

온갖 지저분한 것들이 다 사라진 세상, 온 만물이 새롭게 된 세상에 하늘로부터 새 예루살렘이 내려온다는 예언!
정말 이보다 더한 기쁜 소식이 또 있을까.

글쓴이는 그 기쁨에 도취되어 사도 요한이 보여 주었던 새 예루살렘에 관한 환상이 마치 내가 본 것 같은 느낌이 들었다. 글쓴이는 그 환상을 운문 형식으로 써 보았다. 사도 요한이 보았던 성경에서 가장 아름다운 장면을 그려 낼 수만 있다면, 사도 요한의 그 감탄을 귀로 들을 수만 있다면…….

혹 당신은
꿈에서라도 본 적이 있는가?

하늘에서 내려오는
새 예루살렘을,

아름답게 단장한 신부(新婦)처럼
눈부시게 아름다운
그 거룩한 성을,

오!
하나님의 영광으로
가득 차 있도다.

귀한 보석같이 밝게 빛나며,
수정같이 투명하도다.

오!
그 성은 얼마나 크고 웅장하였던가.
성곽은 또 얼마나 크고 높았던가.

성곽은 벽옥으로 쌓였고
성은 정금이라 맑은 유리처럼 보이누나.

성곽에는 열두 기초석이 있다네.

그 모두가 보석이라네.


벽옥(jasper), 남보석(sapphire), 옥수(chalcedony), 녹보석(emerald),

홍마노(sardonyx), 홍보석(carnelian), 황옥(chrysolite), 녹옥(beryl),

담황옥(topaz), 비취옥(chrysoprase), 청옥(jacinth), 자수정(amethyst).


각각의 기초 석에는 열두 사도의 이름이 쓰여 있구나!


눈을 들어 보니

성곽에는 열두 개의 성문이 나 있네.

성문은 한 개의 진주(pearl)로 만들어져 있다네.

그 문에는 이스라엘 열두 지파의 이름이 쓰여 있네.

열두 천사들이 성문을 지키고 서 있네.


성안에 나 있는 길은 순금(pure gold)이고

유리처럼 투명하구나.


성안에는 성전이 따로 없네.

하나님과 '그 어린양'이 바로 성전이기 때문이네


보라,

하나님과 '그 어린양'의 보좌가 있도다.

그 보좌로부터 생명수가 흘러 나와 강이 되었도다.
수정 같이 맑은 생명수의 강은
성안에 있는 대로(大路)의 한가운데를 지나 흐르는구나.

강의 양쪽에는 생명나무가 서있었고
매월마다 각각 다른 생명나무의 열매를 맺네.
그 잎은 소성하여
나라를 치료하는구나.

하나님과 '그 어린양'의 보좌가 그 성 가운데 있음이여!
주의 종들이
하나님과 '그 어린양'의 얼굴을 대면하여 볼 수 있음이여!

이 얼마나 복인가
이 얼마나 즐거움인가

다시는 밤이 없고,
등불이나 태양 빛이 필요 없음이여
주 하나님의 영광이여!

주의 종들이 세세토록 왕 노릇을 하리로다.

이 놀라운 성에 누가 들어갈 수 있을 것인가?
누가 주 하나님과 우리 주님의 얼굴을 대면하여 볼 수 있겠는가?

오직

자기 두루마기를 씻은 자들이구나.

주께서 주신 두루마기를 받은 자들이구나.

주의 보혈로 두루마기를 깨끗이 씻은 자들이구나.

어린 양의 생명책에 기록된 자들이로구나.


어찌 이 황홀한 상황에서 가만있을 수 있겠는가. 글쓴이는 마음에 떠오
르는 감정을 주체할 수 없어 그것들을 글로 표현해 본다.


가세,

가세,


주의 그 거룩한 성에 올라가세

우리 모두 손잡고

환히 웃고 올라가세


모든 눈물 씻고 올라가세

모든 아픔 잊고 올라가세


이를 위해

우리 참지 않았던가?

이 날을 위해
우리 모든 것을 버리지 않았던가?
우리 모두 올라가세

그리던 하나님 뵈옵고
꿈에 그리던 주님 얼굴 보세

먼저 가신
내 어머니, 당신의 어머니
내 아버지, 당신의 아버지

그리운 내 형제 자매들

그 모두를
우리 얼싸 안세

가세, 가세
우리 모두 올라가세

그 거룩한 성으로 들어가세.

# 보석(寶石)의 성(城)

> 일곱 대접을 가지고 마지막 일곱 재앙을 담은 일곱 천사 중 하나가 나
> 아와서 내게 말하여 이르되 이리 오라 내가 신부 곧 어린 양의 아내를
> 네게 보이리라 하고 성령으로 나를 데리고 크고 높은 산으로 올라가
> 하나님께로부터 하늘에서 내려오는 거룩한 성 예루살렘을 보이니 하
> 나님의 영광이 있어 그 성의 빛이 지극히 귀한 보석 같고 벽옥과 수정
> 같이 맑더라 (계21:9-11)

사도 요한이 미리 가 보았던 그 성(城)은 어떠하였던가.

길이와 넓이가 각각 12,000스다디온(약 2,220킬로미터)이고 높이도 그와
같다고 한다. 그 성의 성곽 즉 성벽의 높이는 144규빗(약 65미터)라고 한
다.[26] 성벽은 모두 벽옥(jasper)으로 되어 있고 성문은 동서남북에 각각
3개씩 있으며 모두 진주(pearl)로 만들어져 있다고 한다. 성은 전부 정
금(pure gold)로 되어 있다고 한다. 글쓴이에게는 그 거룩한 성이 '보석의
성'으로 보인다.

---

26) 하용조 편찬, 비전성경사전(두란노, 2009), p.710, p.82.

글쓴이를 비롯한 일반 성도들의 인식과는 달리 요한계시록 전문가들은 그 거룩한 성을 교회[27][28]로 혹은 '하나님께 충성된, 구속받은 공동체'[29]로 해석한다. 그 근거는 요한계시록 21장 9절 말씀이다. 천사가 사도 요한에게 '신부 곧 그 어린양의 아내'를 보여 준다고 한 다음 성령으로 그를 데리고 크고 높은 산으로 올라가서 '하늘에서 내려오는 거룩한 성 예루살렘을' 보여 주었기 때문이다.

성경 해석상 신부(新婦)는 교회를 의미하므로 그 거룩한 성을 교회로 이해하는 것은 당연할 것이다. 글쓴이는 이러한 견해에 동의를 하면서도 또 한편으로 동의하기 어려운 것은 상징을 해석함에 있어서의 일관성의 규칙에서 어긋나기 때문이다.

글쓴이는 상징의 이해 혹은 해석에 있어서 일관성이 유지되어야 한다고 생각한다. 이를 굳이 이름 붙인다면 '일관성의 규칙(rule of consistency)'이라고 할 수 있을 것이다. 예를 들어 설명하면, 요한계시록 1장 13절부터 16절에 나타난 '그 어린양'의 모습이 실제 모습으로 이해하였다면 하늘에서 내려온 '거룩한 성'도 실제 모습으로 이해해야 하는 것이 타당하다는 것이다.

만약 그 어린양의 모습은 실제 모습이고 거룩한 성은 교회를 상징하는 것으로 본다면 이는 계시의 이해에 있어서 일관성의 규칙에서는 벗어나는 것이다. 그러나 이러한 이해 방법이 틀렸다고 볼 수만은 없는

---

27) 송영목, 요한계시록(SFC, 2015), p.371.

28) L. H. 처이치, 박근용 역, 매튜헨리 요약주석(기독교문화사, 1986), p.766.

29) 그레고리 빌, 요한계시록 주석(복있는 사람, 2015), p.746-747.

것은 그 나름대로 장점이 있기 때문이다. 즉 성경 본문을 기계적으로 해석하지 않고 전후 문맥 등을 고려하여 유연하게 탄력적으로 해석한다면 본문을 더 정확하게 해석할 수 있을 것이라는 생각도 든다.

그러나 이러한 상황적 해석이 수용되려면 엄격한 기준에 근거하여 상황 적용을 해야 할 것이다. 그렇다면 그 적용기준을 어떻게 정해야 하느냐 하는 또 다른 문제가 야기된다. 앞서 글쓴이가 제시한 예의 경우, 하늘의 존재들(하나님, 그 아들, 네 생물, 이십사 장로, 천사 등)에 관한 묘사는 사실적인 표현으로 받아들이고 그 외 사물(거룩한 성)에 관한 묘사는 상징적인 것으로 이해한다는 적용 기준이 제시될 수도 있을 것이다.

글쓴이는 이러한 복잡한 해석의 문제를 떠나 '거룩한 성 예루살렘'을 '새 하늘과 새 땅'의 중심으로 믿는다. 창세기의 에덴 동산이 완전한 형태로 새롭게 창조된 것으로 이해한다. 태초에 하나님이 이루신 천지 창조의 완성으로 이해한다. 이 말은 태초에 만들어진 천지가 불완전하게 창조되었다는 의미는 아니다. 아담과 하와가 범죄하므로 그 낙원에서 추방되었기에 마땅히 그곳에 있어야 할 인간이 있을 수 없게 된 에덴동산은 결과적으로 완성품이 되지 못하였다는 의미이다.

'새 예루살렘'은 추방되었던 그 사람들이 그 어린양의 피로 구속함을 받고 들어와서 하나님과 영원히 살 수 있게 된, 복락원이라고 믿는다. 하나님의 뜻이 완전하게 이루어진 곳으로 믿는다. 땅에서 살던 하나님의 사람들이 마침내 하나님과 함께 살게 되는 곳으로 믿는다(계 11:15, 19:6, 21:3-4).

글쓴이가 그동안 견지해 왔던 '일관성의 규칙'을 깨뜨리지 않고도 요한계시록 전문가들의 견해와 상충하지 않는 '거룩한 성'에 대한 이해 방법이 있다. 그것은 거룩한 성을 그동안 이원화되었던 하늘의 교회(하늘에 있는 천국) 와 지상 교회가 하나가 된 교회로, 그리고 그 하나가 된 교회가 창조주 하나님을 영원히 찬송하며 영생하는 바로 그 장소인 하나님의 처소(겔37:27)으로 이해하는 것이다.

요한계시록 전문가들이 '새 예루살렘'을 보석으로 축조된 성으로 여기지 않고 추상적인 교회로 해석하는 그 배경에는 어떤 심리적인 거부감이 작동하였으리라고는 생각하지 않는다. 하지만 보석에 대한 새로운 이해가 있다면 그 거룩한 성을 실재하는 아름다운 천국으로 믿는 순진한 사람들의 믿음에 별다른 이의를 제기하지 않을 것이다.


글쓴이는 그 거룩한 성을 이해하는 데 세 단계의 과정을 거쳤다.

첫 단계는 보석궁(보석의 성을 말함)의 그 휘황찬란한 아름다움에 압도되어 놀라운 희열에 빠졌던 것이었다. 그다음 단계는 왜 거룩한 성이 보석들과 정금으로 되어야 하는가 하는 의문이 생겼던 것이었다. 마지막 단계는 새 예루살렘이 보석궁(寶石宮)일 수밖에 없다고 인정한 것이었다.

이 땅에서 보석은 부의 상징이다. 천국에는 부자와 가난한 자가 없는데 왜 세상에서 통한 부의 척도가 천국에서도 통하는 것처럼 여겨지게 그 거룩한 성이 정금과 보석으로 되어 있느냐 하는 의문은 어쩌면 정당한 의문일 것이다. 이것이 앞서 언급한 두 번째 단계에서 가졌던 의문이었다.

글쓴이가 그러한 의문을 가지고 고민하던 중에 왜 사람들이 보석을 귀한 것으로 생각하게 되었을까 하는 질문을 가지게 되었다. 보석은 광

물학에서 보면 돌로 분류된다. 돌 중에서 어떤 돌은 매우 희귀할 뿐 아니라 광채를 내고 아름다웠기에 예로부터 귀중한 것으로 여겨졌고 또 그것을 소유하기 위하여 값을 많이 치렀을 것이다.

보석이 단지 경제적 희귀성과 상품성 때문에 비싼 것이 되었을까.

낙원에서 에덴의 동쪽으로 추방된 아담과 하와는 그곳이 에덴 동산과는 너무나 다른 환경임을 알게 되었다. 아담과 하와의 꿈은 무엇이었을까. 고향으로 돌아가는 것이 아니었을까. 그들이 처한 환경이 힘들고 어려울수록 에덴 동산이 더욱 그리워지고 돌아가고 싶지 않았을까.

그들이 고향에서 가져온 것이 무엇이 있었는가. 하나님이 지어 주신 가죽옷이 어쩌면 유일한 것이었을지도 모른다. 그런데 그 가죽옷도 이제는 낡아 헤어져서 더 이상 입지 못하게 된 것이다. 고향에서 가져온 것이 아니었다면 아니 하나님께서 주신 것이 아니었다면 벌써 내버렸을 것이다. 고향에 돌아가고 싶을 때마다 그 가죽옷을 쳐다보며 위로를 얻었을 것이다.

그런데 어느 날 기가 막힌 일이 생겼다. 실의에 빠져 있던 아담의 눈에 놀랄만한 것이 보였던 것이다. 그것은 보석이었다. 금이었다. 에덴 동산에서 흔히 보던 것들이었다. 고향에 있던 것과 똑같은 것들을 에덴의 동쪽 땅에서 발견하였던 것이다. 고향 땅에 있던 돌들이 여기에도 있다니.

보석이 비싸게 거래되었던 것은 분명 희소성이 있었고 상품성이 있었기 때문이었다. 그러나 그 이전에 그것은 고향에 있었던 것이었고 그 고향에는 다시는 갈 수 없다면 그 돌이 귀중하고 소중하게 여겨지지 않았을까. 고향의 돌을 가지지 못한 사람은 가진 사람을 얼마나 많이 부러워했을까. 값을 많이 치르고도 그것을 소유하려고 하지 않았을까.

　이러한 글쓴이의 가정이 옳다면 그 거룩한 성이 보석으로 되어 있는 것은 너무나 당연한 것이리라. 에덴동산이 실낙원이었다면 새 예루살렘은 복낙원이다. 에덴동산에 가득했던 보석들이 그 거룩한 성을 아름답게 빛나게 하는 돌로 사용되는 것은 너무나 당연한 일일 것이다(앞서 글쓴이는 에덴동산이 순금과 호마노, 진주로도 번역되는 베델리엄이 풍부했다는 것을 언급하였다).


　보석은 빛이 없으면 광채가 나지 않는다. 돌일 뿐이다. 그 거룩한 성이 어떻게 벽옥의 찬연한 빛을 발휘하였을까. 수정이 그 투명함을 밝히 드러낼 수 있었을까.

　빛이신 하나님(계4:3, 요일1:5)이 계시기 때문이다.

　생명의 빛(요1:4)이신 그 어린양이 계시기 때문이다.


　그 거룩한 성이 아름다운 것은 하나님의 영광 때문이다. 하나님의 영광은 하나님의 임재를 의미하지 않는가. 그러하다면 하나님은 분명 아름다운 분이실 것이다.


　만약 솔로몬이 그 아버지 다윗 왕처럼 하나님이 얼마나 아름다운 분이신 것을 깨달아 알았다면 그에게는 후궁 칠백 명과 첩 삼백 명(왕상11:3)이 필요하지 않았을 것이다.


　다윗 왕은 하나님의 아름다우심을 이렇게 노래했다.

> 내가 여호와께 바라는 한 가지 일 그것을 구하리니 곧 내가 내 평생에 여
> 호와의 집에 살면서 여호와의 아름다움을 바라보며 그의 성전에서 사모하
> 는 그것이라 (시 27:4)

글쓴이는 이 절묘한 구절을 통하여 하늘에서 내려오는 그 거룩한 성을 다윗 왕이 생전에 보았지 않았을까 하는 생각을 해 본다. 그는 마지막으로 더 이상 바라는 것이 없는 것 하나를 하나님께 간구하였다.

그것은 여호와의 집에 사는 것이었다. 왜 그는 여호와의 집에 살기를 소원하였는가.
하나님의 아름다움을 바라보기를 원하였기 때문이었다.
하나님을 사모하였기 때문이었다.

다윗 왕의 그 간구는 이제 이루어지고 있다.
여호와의 아름다움이 만연한 여호와 집이요 그의 성전인, 그 거룩한 성이 온전히, 완전히 드러나고 있는 것이다.

하나님을 가장 사랑한 사람 다윗은 마침내 자신이 그렇게 열망하고 사모했던 하나님과 영원히 살 수 있게 되었다. 그 거룩한 성 예루살렘에서.

만약 글쓴이의 평생소원 하나가 다윗 왕의 그것과 같다면, 내가 속한 교회와 한국 교회의 유일한 소원이 바로 그것이라면 이 모두의 소원은 마침내 이루어지는 것이다. 결국 문제는 우리들의 소원이 바로 그 소원이냐 하는 것이리라.

# 생명수와 생명나무

> 또 그가 수정같이 맑은 생명수의 강을 내게 보이니 하나님과 및 어린 양의 보좌로부터 나와서 길 가운데로 흐르더라 강 좌우에 생명나무가 있어 열두 가지 열매를 맺되 달마다 그 열매를 맺고 그 나무 잎사귀들은 만국을 치료하기 위하여 있더라 (계22:1-2)

글쓴이에게는 새 예루살렘이 한 번도 경험한 적이 없었던 그 아름다움으로 다가왔다. 그 거룩한 성은 분명 보석과 정금으로 세워진 성이다. 그러나 보석만으로 찬란하고 아름다운 것이 아니다. 새 예루살렘이 거룩한 성이 된 것은 그 성에 삼위 하나님께서 거하시기 때문에 그러하다. 아름다움의 원천이신 분이 계시기에 그 성은 아름다울 수밖에 없는 것이 아니겠는가.

글쓴이에게는 그 거룩한 성이 생명이 가득한 곳으로 느껴졌다. 삼위 하나님이 거하시는 곳이기에 그러하다. 주 하나님이 생명이시요, 그 생명을 받은 하나님의 아들이 생명이시기 때문이다. 하나님과 그 어린양의 보좌로부터 흘러나온 생명수가 강이 되어 흐르는 곳이기에 그러하다.

생명수 강물이 흐르는 그곳!

그 생명의 강은 정금으로 된 길의 한가운데로 흐른다. 강의 양편에는 생명나무가 있다. 그 나무는 매달 열두 가지의 열매를 맺는다. 지구상에는 매달마다 열매를 맺는 나무는 없다. 더구나 매달마다 다른 열매가 열리는 나무는 더더구나 없다. 있을 수 없는 것이다. 그러므로 생명나무는 여태 인류가 본 적이 없는 신기하고 신비한 나무임에 틀림없다.

이 부분에서 글쓴이에게는 질문이 하나 떠오른다.

새 예루살렘에 있는 그 생명나무(the tree of life)가 에덴동산 가운데에 있었던 그 생명나무(계2:7)와 과연 같은 것일까?

창세기를 읽어 보면 인류의 시조 아담과 하와는 선악을 알게 하는 나무에 관심이 많았기에 그 나무와 그 열매에 대한 기록은 남아 있다(창 3:6). 그러나 생명나무에 대한 언급(창 2:9)은 더 이상 없음을 알 수 있다. 만약 아담과 하와가 생명나무에 관심을 가졌다면 매달마다 열매가 맺히는 것을 알았을 것이요, 매달마다 다른 열매들이 달리는 것 또한 알았을런지 모른다.

사도 요한은 아담과 하와가 마땅히 했어야 할 생명나무에 대한 기록을 우리들에게 남겨 두었다. 생명나무는 열매와 잎으로 되어 있다. 생명나무의 잎들은 만국을 치료하기 위하여(for the healing of the nations) 있다고 서술되어 있다.

여기서 만국은 어떤 나라를 의미하는 것일까? 기존 타락한 세상은 이미 심판받아 사라졌다. 세상은 새 하늘과 새 땅으로 되었다(계21:1). 이런 상황에 만국은 어떤 나라를 지칭하는가. 무엇을 상징하는 것일까?

글쓴이는 이 말씀이 무엇을 상징하는지 알 수 없었다. 그러나 확실히 아는 것은 생명나무는 생명체에게 생명을 부여한다는 것이다. 생명이 유지되도록 한다는 것이다. 생명력이 지속되도록 한다는 것이다.

생명나무의 생명력은 어디서부터 온 것일까? 그것은 생명수의 강으로부터 왔을 것이다. 생명수의 강을 쫓아 올라가 보면 그 근원에 닿을 것이다. 그 생명수의 근원은 하나님과 어린양의 보좌이다. 결국 생명력은 하나님과 그 어린양으로부터 유출되는 것이다. 생명의 근원은 주 하나님과 그 어린양인 것이다.

에덴동산에 가운데 서 있던 생명나무는 결국 하나님과 그 어린양의 생명력을 표현하였다. 하나님의 아들이 인간의 몸으로 이 땅에 오신 분이 예수 그리스도이시다. 그분은 하나님의 생명을 받으신 분이시다. 생명이 넘치시는 분이시다.

하나님의 생명의 표현이었던 에덴동산의 생명나무는 이제 생명 그 자체이신 예수 그리스도로 대체되었다. 사람이 하나님의 생명을 소유하기 위해서는 생명나무의 열매를 먹어야 할 터인데 에덴동산으로의 출입이 금지된 인류는 대체된 생명나무의 열매를 먹어야 했다.

인류에게 대체된 생명나무 열매 즉 생명을 주는 열매는 무엇일까?
하나님의 아들은 자신이 바로 생명임을 누차 선포하셨다. 그리고 자신을 먹지 않으면, 사람에게 생명이 없다고까지 극단적으로 말씀하셨다.

사람이 어찌 사람을 먹을 수 있단 말인가?
사람이 사람을 먹을 수 없다. 자신이 살기 위하여 남을 죽일 수는 없는 것이다. 그러나 하나님의 아들은 그 일을 하기 위하여 오신 분이라는 것을 선포하셨다. 아들이 가진 생명을 사람들에게 나누어 주시려고 이 땅에 사람으로 오셨다는 것이다.

하나님의 아들의 생명을 사람들이 가질 수 있는 방법은 무엇인가?
영원한 생명을 어떻게 사람들이 소유할 수 있는가?

하나님의 아들은 사람들이 하나님의 생명, 영원한 생명을 소유할 수 있는 방법을 가르쳐 주셨다. 그것은 하나님의 아들이 가진 생명을 자신이 먹음으로 가질 수 있다고 선포하셨다. 하나님의 아들을 먹는다는 것은 실제로 먹은 것은 아니지만, 그와 비슷하다. 하나님의 아들이 나에게 생명을 주시기 위하여 죽으셨다는 것을 내가 믿는 것, 그것이다.

예수 그리스도께서 나 자신의 죄를 용서하시고 그 죄를 사하시기 위하여 십자가에서 죽임을 당하셨다는 것을 내가 믿는 것, 그 믿음의 행위를 하나님은 요구하시는 것이다. 그 믿음의 행위가 있어야 영원한 생명이 내 속에서 실재가 되는 것이다. 내 속에서 실제로 존재하게 되는 것이다. 이는 관념이 아니다. 이는 실제 상황이다. 믿는 사람에게는 실제 상황이 된다. 믿지 않은 사람에게는 아무리 설명해도 이해되지 않는 신비요 비밀이다.

아담과 하와가 범죄하지 않았다면, 에덴동산 한가운데에 있는 생명나무의 열매를 먹었다면 생명나무로 표현되는 하나님의 생명력이 사람 속에 들어와 생명이 되었을 것이다. 영생할 수 있는 영생불멸의 존재가 되었을 것이다.

그렇게 되었다면 하나님의 아들이 천국 보좌를 떠나 이 지상에 내려올 필요가 없었을 것이다. 십자가를 지실 이유도 없고 사람으로부터 멸시와 천대와 모욕과 희롱을 당할 아무런 이유가 없었을 것이다. 그러나 인류의 시조는 하나님의 생명력을 소유하려고 하기보다는 하나님처럼 되길 원했던 것이다. 하나님과 영원히 살면서 하나님을 알아가기보다는 하나님처럼 선악을 알아서 만물 위에 군림하고 싶었던 것이다.

피조물인 인간이 하나님처럼 선악을 알게 되었다. 선악을 알게 된 인간이, 죄를 범한 인간이 거룩한 하나님과 함께 살 수는 없었다. 더구나 영생할 수 있는 존재가 되어서는 안 되는 것이다.

그래서 하나님은 죄를 범한 인간이 생명나무의 열매를 먹는 것을 금하셨다. 또한 에덴동산에서 사는 것조차 금지되었다. 하나님이 인간과 함께 살기 위하여 창조한 공간에서 죄 범한 인간이 함께 살 수 있는 공간은 없었다. 그들은 추방당했다. 그리고 그로 인해 인류에게 에덴동산으로의 접근은 지금까지 금지되었던 것이다.


이제 새 하늘과 새 땅이 되었다. 새 예루살렘이 하늘로부터 내려온다. 그 속에는 생명수의 강이 있고 생명나무가 있다. 아담과 하와가 실패한 일을 이제 싸움에서 이긴 성도들이 마무리하는 것이다.

예수 그리스도를 믿었기에 영생을 소유한 백성들에게 생명나무의 열매가 새로운 생명을 부여하는 것은 아닐 것이다. 생명나무의 열매를 성도들이 먹는다는 것은 창조주 하나님은 원하셨으나 아담과 하와가 하지 못한 일, 그 일을 이제 마무리하는 것이 아닐까?

성도들 안에 있는 예수 그리스도의 생명이 얼마나 귀한 것이며 얼마나 아름다운 것이며 얼마나 맛있는 것인가는 성도들은 이미 알고 있다. 또한 그 생명이 다른 사람의 생명까지도 살리는 능력이 있음을 알 수 있다. 사도 요한은 이러한 사실들을 생명나무가 매달 새로운 열매를 맺는다고 표현한 것이리라.

아담과 하와가 이루지 못한 일을 '이기는 자'는 이룰 것이다. 그렇게 하므로 알파와 오메가이신 창조주 하나님의 뜻이 완전히 이루어질 것이고 종결될 것이다.

# 내가 진실로 속히 오리라

> 예수 그리스도의 계시라 이는 하나님이 그에게 주사 반드시 속히 일어날 일들을 그 종들에게 보이시려고 그의 천사를 그 종 요한에게 보내어 알게 하신 것이라 (계1:1)

> 이것들을 증언하신 이가 이르시되 내가 진실로 속히 오리라 하시거늘 아멘 주 예수여 오시옵소서 (계22:20)

주께서 사도 요한에게 계시를 준 이유는 무엇일까?

'반드시 속히 일어날 일들'을 주님의 종들에게 보여주시기 위한 것이었다. 글쓴이가 요한계시록 1장 1절을 읽던 중 어디에선가 이와 비슷한 느낌을 주는 구절이 있었다는 것이 생각났다.

> 여호와께서 이르시되 내가 하려는 것을 아브라함에게 숨기겠느냐 아브라함은 강대한 나라가 되고 천하 만민은 그로 말미암아 복을 받게 될 것이 아니냐 내가 그로 그 자식과 권속에게 명하여 여호와의 도를 지켜 의와 공도를 행하게 하려고 그를 택하였나니 이는 나 여호와가 아브라함에게 대하여 말한 일을 이루려 함이니라 여호와께서 또 이르시되 소돔과 고모라에 대한 부르짖음이 크고 그 죄악이 심히 무거우니 내가 이제 내려가서 그 모든 행한 것이 과연 내게 들린 부르짖음과 같은지 그렇지 않은지 내가 보고 알려하노라 (창 18:17-21)

여호와께서 아브라함을 찾아오셔서 소돔을 심판하실 것을 미리 알려 주신 것처럼 주의 종들에게 앞으로 있을 하나님의 심판을 알려 주시려고 사도 요한에게 계시하고 있는 것은 아닐까.

앞으로 있을 하나님의 심판은 그 아들에 의하여 주도적으로 이루어질 것이다. '그 어린양'으로 불리는 하나님의 아들은 아버지 손에서 심판에 관한 모든 권한을 받아서 하나씩 하나씩 이루어 가실 것이다. 그 심판은 주께서 이 땅에 그분이 지으신 만물 속으로 다시 오심으로 시작될 것이다.

생각이 여기까지 다다르자 요한계시록의 핵심적인 메시지는 주의 재림인 것으로 확신할 수 있게 되었다.

그렇다. 주께서 다시 오셔서 그 모든 심판을 하실 것이다. 그때는 복음이 모든 민족에게 다 전파될 때가 될 것이다. 순교자의 수가 채워질 때일 것이다. 주님의 교회 성도들이 주의 재림을 앙망하는 기도가 이십사 장로들이 잡고 있는 금 쟁반에 가득 찰 때일 것이다.

그 날에 생명책에 이름이 기록된 성도는 부활할 것이며 주와 영원히 살게 될 것이다. 그때 비로소 하나님의 뜻이 하늘에서 이룬 것 같이 땅에서도 완전히 이루어질 것이다. 바로 그 날을 위하여 교회는 인내하며 기도하며 주님의 뜻을 이루며 오늘을 살고 있는 것이리라.

주의 재림!
이것이 '반드시 속히 일어날 일들'의 가장 핵심적인 일이다.
바로 이것이 '장차 될 일'인 것이다.

주의 재림이 예수 그리스도의 핵심적인 계시인 것이다.

이는 증명할 필요도 없는 명백한 진실이지만 그래도 의심하는 자들을 위해 성령은 힌트를 주셨다고 생각된다. 그 힌트는 다름 아닌 두 요절 말씀 속에 있는 '속히'라는 단어이다. 이 단어는 『요한계시록』의 시작인 1장 1절에 사용되었고 마지막 장 마지막 절의 바로 앞에도 사용되었다. 이 단어는 수미상관법으로 사용되었던 것이다.

수미상관법은 시가에서는 의미를 강조하고 운율을 맞추는 수사법이다. 수필에서는 서두에 저자가 말하려 고하는 주제를 암시하고 말미에 그 암시가 관련이 있다는 것을 강조하는 경우에 사용된다. 이러한 강조법으로 볼 때 '반드시 속히 일어날 일'이 '진실로 속히 오리라'는 것임을 깨달을 수 있다.

이보다 더 중요한 힌트는 주님의 자기 계시 속에 있다고 생각한다. 주님은 자신을 처음이요 마지막이라고 계시하셨다. 이 말씀으로 인하여 계시의 시작도 주님이요 계시의 종결자도 주님이심을 깨달을 수 있었다. 계시의 시작하신 이가 계시를 마치면서 하는 말이 무엇이겠는가. 계시의 가장 핵심적인 내용 아니겠는가.

계시의 종결자는 '내가 진실로 속히 오리라'는 약속의 말씀을 선포하심으로 그의 계시를 마치고 있다. 이보다 더 확실한 계시의 종결어가 있을 수 있겠는가. 계시를 시작하신 이가 계시한 그 "속히 일어날 일"이 바로 "속히 오리라"가 아니겠는가.

요한계시록에는 '속히'란 단어가 그 외에도 여섯 번 (2:16, 3:11, 11:14, 22:6, 22:7, 22:12)이나 사용되었다. 특히 네 번은 22장에서 집중적으로 사용되었다. 이는 무엇을 의미하는가.

요한계시록이 기록된 시기는 로마 황제 도미티아누스의 통치 말기인 95년 또는 96년으로 알려져 있다. 이 시기 또한 그리스도인들에 대한 박해가 심할 때였다고 한다. '속히'라는 단어는 당시 말할 수 없는 핍박과 박해를 받고 있는 성도들을 가슴에 품고 그들의 아픔을 하루속히 해결해 주시길 원하시는 주 하나님의 따뜻한 마음을 느끼게 하고도 남는다. 그러므로 '속히'는 말할 수 없는 고통 가운데 있는 성도들의 간절한 기도요 그 간청에 대한 주님의 응답이다. 그러하기에 이제는 '속히'가 왜 중요한 단어인가를 묻는 사람이 적어도 독자들 중에는 없을 것이다.

첨언하면 'soon'을 '속히' 라고 번역한 것은 정말 멋진 번역이라고 생각된다. '곧, 어서, 빨리'라고 번역될 수 있겠지만 '속히'라는 단어가 품위도 있고 또 '빨리'라는 뜻이 잘 내포되어 있어서 좋다.

이미 습관화된 글쓴이의 기도를 새롭게 드려본다.

오,
장차 오실 전능하신 하나님,

속히 오소서,

먼저 북한 땅과
지구촌 곳곳에서 핍박받는 교회에 오소서

처음이요 마지막인 그 어린양
예수 그리스도의 이름으로 기도합니다.
아멘.

" 노래하리라,
영원한 승리를 주신
전능자와
그 어린양께 "

· · · **3**부
요한의 시가(詩歌)

# 1:7 요한의 시(詩)

볼지어다,

그가 구름을 타고 오시리라

각 사람의 눈이 그를 보겠고

그를 찌른 자들도 볼 것이요

땅에 있는 모든 족속이 그로 말미암아 애곡하리니

그러하리라

아멘.

그의 시에서 비장감이 묻어난다. 심판하러 오시는 주의 재림을 예언하고 있기 때문이리라. 자신이 선포하고 있는 이 예언이 자신에게는 이미 이루어지고 있는 일인 것처럼 사도 요한은 "보라 주님이 지금 오고 계신다"고 외치고 있다.

지금 이 예언은 귀에 들리고 있지만 그 날에는 자신의 눈으로 직접 주님의 재림을 목도하게 될 것임을 천명하고 있다. 그 초월적인 우주의 대사건은 인류 전체가 다 경험하게 될 사건 중의 사건이지만 예언자는 자신의 예언을 특별히 새겨들어야 할 자들을 특정하고 있다. 그들은 바로 사정없이 주님의 옆구리에 창을 '찌른 자들'로 통칭되는 무수한 사람들이다.

예언자가 그들을 특정한 이유는 그들을 엄벌하려고 함이 아니라 그들의 회개를 촉구하는 안타까운 마음에서 비롯된 것임이 행간에서 읽혀진다. 자신들이 얼마나 큰 잘못들을 했는지 알지 못하는 영적 무지가 안타까웠던 것 아닐까.

그 자리에 없었던 자들은 심판의 대상에서 제외될 수 있을까. 하나님의 독생자가 죄인들을 위해 자신의 생명을 내어놓았는데 그 놀라운 구원을 베풀어 주시는 그 이름을 믿지 않은 죄(요3:18)는 결코 가벼울 수 없는 것이다.

사도 요한이 결연히 외치고 있는 주님의 재림!
우리 모두에게 은혜이며 특히 지금 이 순간에도 지구촌 도처에서 핍박받고 있는 성도에게는 분명 구원의 메시지이요 위로와 소망의 하늘 소리일 것이다.

그가 외치고 있는 이 예언이 하나님 자신으로부터 유출된 것임을 확증해 주시려는 듯 주 하나님은 화답하신다.

# 1:8 장차 올 전능자

나는
알파와 오메가라

이제도 있고
전에도 있었고
장차 올 자요

전능한 자라.


주 하나님께서는 자신이 알파요 오메가임을 선포하신다. 만물의 시작이 자신으로부터 비롯되었으며 자신에 의하여 완성되거나 종결될 것임을 나타내 보이신다.

어디 그것뿐인가. 만물에게 지어주었던 모든 이름들은 알파와 오메가로 표기할 수 있다. 이름이 그 이름을 가진 사람이나 물체의 본성과

특성과 본질을 잘 드러내는 것이기에 그 이름이 곧 그 사람 혹은 물체라고 할 수 있을 것이다. 그러므로 만물은 알파와 오메가 사이에 있다고 말할 수 있을 것이다.

창세기부터 요한계시록까지 성경 66권 역시 알파와 오메가 사이에 들어 있다. 어디 그뿐인가 생명책은 어떠한가. 그 책에 기록된 우리의 이름들도 알파와 오메가 사이에 들어 있다. 만물과 함께 우리 역시 알파와 오메가가 되신 주 하나님의 손 안에 있는 것이다.

알파와 오메가란 주 하나님이 시작하시는 분이시며 끝을 내시는 분이심을 보여 준다. 알파와 오메가란 주 하나님이 우리를 포함하는 우주 만물 창조주이심을 간단하게 설명해 주시는 하나님의 지혜임이 틀림없을 것이다.

만물의 창조자이신 주 하나님은 자신이 영존하시는 분이심을 천명하신다. 영원히 존재하시지만 특별히 이 땅에 다시 오실 것을 나타내 보이신다. 그리고 마지막으로 전능하신 분이심을 다시 한 번 만인에게 각인시키신다.

전능자가 자신을 장차 올 자로 공포하셨다니 이는 얼마나 놀라운 복음인가.
우주의 이 끝에서 저 끝까지 울려 퍼지는 전능자의 이 장엄한 선포를 들은 네 생물은 결코 가만히 있을 수 없다.

# 4:8 네 생물의 찬송

거룩하다
거룩하다
거룩하다

주 하나님
곧 전능하신 이여

전에도 계셨고
이제도 계시고
장차 오실이시라

영광과 존귀와 감사를
보좌에 앉으사 세세토록 사시는 이에게 돌리세.

천국에 관한 그 모든 것들이 다 신비한 것이다. 보좌 앞과 그 주위에 서있는 네 생물 역시 신비한 존재이다. 그들은 각각 여섯 날개를 가지고 있고 그 날개 안과 주위에는 눈들이 가득하였다. 그들의 사명은 하나님을 찬양하는 것이었다.

주 하나님 보좌 주위에 시립(侍立)하여 밤낮 쉬지 않고 만군의 주를 찬양하는 네 생물의 존재는 오벳에돔의 집에서 다윗의 장막으로 여호와의 언약궤를 옮겨 놓은 것을 기뻐하며 만군의 주 하나님을 찬양하는 다윗의 찬양대를 연상시킨다.

다윗왕은 아삽과 헤만과 여두둔의 아들들로 하여금 찬양대를 조직하게 하였다. 그들은 찬양대를 스물네 반열(班列)로 나누어 찬양을 하게 하였다. 각 반열에는 열두 명이 있었는데 이들은 모두 제금과 수금과 비파를 능히 다루며 신령한 노래를 부르는 데 익숙한 자들이었다(대상25:1-31).

다윗왕의 찬양대 총원은 이백팔십팔 명이었다. 온종일 언약궤가 위치한 장막에서 찬양이 끊이지 않기 위해서는 이렇게 대규모의 찬양대를 조직할 수밖에 없었을 것이다. 참, 어떻게 다윗왕은 온종일 하나님을 찬양해야겠다고 생각하게 되었을까. 그도 사도 요한처럼 네 생물이 밤낮 쉬지 않고 찬양하는 것을 보았던 것일까?

네 생물의 사중창(四重唱)은 한번 들은 사람은 영원히 잊을 수 없는 전혀 새로운 소리일 것이다. 네 생물들이 가지고 있는 음계(音階)는 사람의 것과는 전혀 다른 것이기에, 그리고 그들의 음성, 그 음색 또한

한 번도 들어 본 적이 없는 그러한 것이기에 그러하리라. 저들의 찬양을 들을 수만 있다면.

영원 전부터 주 하나님을 모시고 있는 네 생물은 주 하나님이 거룩하신 분이심을 잘 알게 되었다. 그냥 거룩하신 분이 아니시고 완전히 거룩하신 분이시기에, 네 생물은 주 하나님의 거룩하심을 세 번 반복하여 고백하고 있지 않은가.

글쓴이도 네 생물이 찬양하였듯이 따라서 찬송을 드려본다.

거룩하신 주 하나님,
전능하신 주 하나님,
그분은 누구신가

전에도 계셨고 이제도 계시는
영원하신 분이시다
아니
다시 오실 분이시다

거룩하신 주 하나님,
전능하신 주 하나님,
장차 오실 주 하나님,

거룩하신 하나님을 어떻게 맞이하면 될까
전능하신 하나님께 무엇을 드릴 수 있을까

장차 오실 하나님을 위해 무엇을 준비하면 될까

영광 외에 그분을 기쁘시게 할 것 없네
존귀 외에 그분께 드릴 것 없네
감사 외에 더 준비할 것 없네

그렇다,
우리도 그렇게 경배하리라
네 생물이 찬양한 것처럼,

영광,
존귀,
감사,

하늘 보좌에 앉아 세세토록 사시는
주 하나님,
저희들이 드리는 이 모든 것을 받으소서.


혼을 쑥 빼어 놓은 네 생물의 사중창이 끝났다. 아니 이 노래는 시
작에 불과하였다. 이번에는 보좌를 둘러선 이십사 장로들이 세세토록
살아 계시는 이 앞에 엎드려 경배하고 자신들의 관(冠)을 보좌 앞에 드
리며 찬양한다.

# 4:11 이십사 장로들의 찬송

우리 주 하나님이여,

영광과 존귀와 권능을 받으시는 것이 합당하오니

주께서 만물을 지으신지라

만물이 주의 뜻대로 있었고

또 지으심을 받았나이다.


네 생물이 거룩하신 주를 찬양하였다면 이십사 장로들은 창조주이신 하나님을 찬양한다.

네 생물이 영광과 존귀와 감사를 드렸다면 이십사 장로들은 영광과 존귀와 함께 권능을 바친다.


왜 감사 대신 권능인가.

주 하나님은 온 우주 만물을 지으신 창조주이시기에 그러하다.

주 하나님은 전능자이기에 그러하다.

네 생물과, 이십사 장로들을 포함하여 모든 피조물이 존재하게 된 것은 바로 주 하나님의 뜻이었기 때문이다. 그 뜻에 따라 한 치의 오차도 없이 피조물들이 창조되었기 때문이다.

왜 영광과 존귀와 권능인가.

천상의 존재들이 그들이 존재할 수 있게 해 주신 주 하나님께 감사하고 최고의 찬사를 드리는 것은 너무나 당연한 것이리라. 최고의 찬사가 무엇일까. 주 하나님이 기쁘게 받으실 최고의 찬사가 무엇일까.

천상의 존재들은 '영광과 존귀와 권능'을 '감사'함으로 주 하나님을 찬양하였다. 여기서 우리들은 하늘의 지혜를 배운다. 아니 이미 배웠다. 주일 예배에 우리 입술로 올려 드리는 찬양의 제사가 바로 영광과 존귀와 권능이지 않은가. 그렇다. 이제는 더욱 더 진심으로 온 마음과 정성을 다해 영광과 존귀와 권능을 올려 드려야 할 것이다.

그 어린양이 나와서 보좌에 앉으신 하나님의 오른손에 있는 책을 취하신다.
네 생물과 이십사 장로들이 그 어린양 앞에 엎드려 새 노래로 노래하기 시작한다. 네 생물의 사중창과 이십사 장로들의 사부합창(四部合唱)이 기묘한 조화와 화음을 이루어 하나님의 보좌 앞으로 올라가는 것이다.

# 5:9 네 생물과 이십사 장로들의 새 노래

두루마리를 가지시고 그 인봉을 떼기에 합당하시도다

일찍이 죽임을 당하사

각 족속과 방언과 백성과 나라 가운데에서

사람들을 피로 사서

하나님께 드리시고

그들로

우리 하나님 앞에서

나라와 제사장들을 삼으셨으니

그들이 땅에서 왕 노릇 하리로다.

하나님의 뜻을 이어받아 이룰 자가 누구인가. 일찍 죽임을 당한 그 어린양이 아닌가. 그는 사람들을 그분 자신의 피로 사신 분이다.

종족과 상관없이

어떤 언어를 사용하는 사람들인지 상관없이

어떤 민족과도 상관없이

어떤 나라의 국민인지도 상관없이

하나님 아버지를 위해 그 사람들을 엄청난 대가를 치르고 사서 그들을 하나님께 드리셨다.


그들을 드리셨다.

그들을 드리셨다.

그들을 드리셨다.


자원하여 사탄에게로 넘어간 하나님의 형상이자, 피조물이며, 하나님의 자녀였던 자들을 데려오기 위하여, 입적시켜, 상속자로 기업을 잇게 하시려고 말할 수 없는 대가를 치르신 것이다.

자신의 아들을 인간 세상에 어린 양으로 보내어 죽음을 당하게 하시고 그 아들의 피로, 그 생명을 희생시켜서 그들을 사탄의 굴레에서 벗어나 하늘나라의 백성이 되게 하신 것이다.

그들을 되찾은 하나님은 그들을 하나님의 나라로 세우셨다. 하나님의 뜻을 이루고 하나님의 기업을 이어갈 자로 세우신 것이다. 남루했던 옷을 벗기시고 제사장 의복을 입혀 주셨다. 아직 하나님께로 돌아오지 못한 자들을 위해 간구하는 기도의 제사장으로 세우셨던 것이다.

이 땅에 하나님 나라로 세워진 하나님의 제사장들은 왕같이 살아갈 것이다. 그들이 축복을 기도하면 하늘의 문이 열릴 것이다. 그들이 또한 간구하면 하늘의 심판과 재앙이 유보될 것이다. 이 모든 것은 오직 그 어린양의 은혜이다. 그 어린양이 그 피로 사서 하나님 아버지 앞에 드리신 까닭이다.

어찌 그들만 그러한 은혜와 특권과 영예를 누리겠는가. 나 역시 그러하다. 당신 역시 그렇다. 이 땅에 세워진 모든 교회가 그러한 것이다.

이 놀라운 찬양에 어찌 참여하지 않을 수 있겠는가. 주위에 둘러선 수천, 수만의 천사들이 환호하며 큰 소리로 찬양하기 시작한다. 천국에서 대합창이 장엄하게 울려 퍼지는 것이다

# 5:12 천사들의 찬송

죽임을 당하신 어린 양은

능력과

부와

지혜와

힘과

존귀와

영광과

찬송을 받으시기에 합당하도다.

그 어린양에게 무엇을 해야 그 은혜에 보답할 수 있을까.

천사들은 모든 지혜를 모아서 그들이 드릴 수 있는 최상을 찾아내었다. 네 생물은 주 하나님께 영광과 존귀와 감사를 드렸다. 이십사 장로들은 주 하나님께 영광과 존귀와 권능을 드렸다. 천사들 또한 그 어린양께 영광과 존귀를 드렸다. 뿐만 아니라 능력, 부, 지혜, 힘, 찬송을 드렸다. 일곱 찬사, 일곱 찬양을 올려 드렸다.

천사들이 부르는 이 웅장한 천국 합창을 듣고 어찌 피조물들이 찬양을 하지 않을 수 있겠는가?

하늘 위, 땅 위, 땅 아래, 바다 위에 있는 하나님이 지으신 모든 만물들이 일제히 찬양에 참여하므로 위대한 합창이 이어진다.

# 5:13 피조물들의 찬송

보좌에 앉으신 이와 어린 양에게

찬송과

존귀와

영광과

권능을 세세토록 돌릴지어다.


경배를 받으실 분은 오직 보좌에 앉으신 주 하나님과 그 어린양이시다. 이미 주 하나님은 영광과 존귀와 권능을 받으셨다. 그 어린양은 능력과 부와 지혜와 힘과 찬송을 받으셨다.


지금 피조물들은 주 하나님과 그 어린양에게 찬송을 올려 드린다. 그 찬송의 내용을 무엇일까. 주 하나님과 그 어린양의 능력, 부, 지혜, 힘을 노래하고 감사하는 것이 아닐까. 이러한 추측이 올바른 것이라면 피조물이 올려드리는 찬송과 존귀와 영광은 주 하나님과 그 어린양이 받으시기에 모자람이 없는 모든 찬사요 찬양임에 틀림없을 것이다.


이에 네 생물과 이십사 장로들이 만물의 찬양이 자신들의 찬양과 조금도 틀림없음을 인정하고 함께 고백한다.

아멘

경배하나이다.


네 생물과 이십사 장로, 수천, 수만의 천사, 하늘과 땅의 모든 피조물이 하나가 되어 우주의 코러스를 만들어 주 하나님과 그 어린양께 드렸다. 그 장엄하고 장대한 우주의 합창은 "아멘, 경배하나이다"로 끝을 맺었다.


이 놀랍고,

장엄하고

신비로운 하늘의 합창이여


우리 교회

또한

거룩하고, 전능하며 장차 오실

주 하나님만을

경배하며

영광, 존귀, 감사, 권능을 드리리라


한국 교회

역시

만왕의 왕, 만유의 주, 속히 오실

그 어린양께

능력, 부, 지혜, 힘을 올려 드리며

찬송하리로다.

# 7:10 큰 무리의 찬송

구원하심이

보좌에 앉으신 우리 하나님과

어린양에게 있도다.

이 찬양을 드리는 그들은 누구일까?

그들은 각 나라와 족속과 백성과 방언에서 나온 아무도 능히 셀 수 없는 큰 무리이다. 그들은 흰옷을 입고 손에 종려 가지를 들고 보좌 앞과 그 어린 양 앞에 서서 큰 소리로 찬양한다.

그들은 천국에 있는 하나님의 백성일까 아니면 이 땅에 있는 성도들을 상징하는 것일까. 사실 잘 구분이 가지 않는다. 그러나 그들이 하나님께 드리는 신앙 고백만은 분명하고 선명하다.

그들의 신앙고백은 어떤 것인가. 억만 죄악으로부터 그들을 구원하신 그 구세주가 바로 하나님과 그 어린양이라는 놀라운 사실이 아닌가. 이 짧고 단순한 노래는 신앙고백만이 아니다. 그 속에는 구원받은 백성의 기쁨도 오롯이 녹아 있다.

이 놀라운 고백과 기쁨의 찬양을 듣고 천상의 존재들이 어찌 가만있을 수 있을까. 모든 천사들이 엎드려 하나님께 경배한다.

# 7:12 모든 천사의 찬송

아멘,

찬송과 영광과 지혜와 감사와 존귀와 권능과 힘이

우리 하나님께 세세토록 있을지어다

아멘.

5:12에서 천사들은 그 어린양이 능력과 부와 지혜와 힘과 존귀와 영광과 찬송을 받으시기에 합당함을 이미 노래하였다. 일곱 가지 온전하며 완전한 찬사로 경배를 드렸다.

여기서 모든 천사들은 우리 하나님께 찬양을 드리고 있다. 주 하나님을 '우리 하나님'으로 호칭하고 있는 천사들에게 더욱 친근감이 느껴진다. 주 하나님에게 더욱 가까이 다가선 모든 천사들은 그 어린양께 드렸던 것처럼 일곱 가지 찬사로 경배와 찬송을 드린다.

주 하나님께 올려 드리고 있는 찬양이 그 어린양에게 올려 드린 찬양과 어떤 차이가 있을 수 있겠는가만 굳이 구분을 해 보자면 그 어린양에게 드렸던 '부' 대신에 하나님께는 '감사'를 드리고 있다.

천사들의 찬양은 결코 일회적일 수 없다. 그 찬양은 영원히 지속되어야 함이 마땅하다.

어찌 찬송의 자리에 가만있을 수가 있겠는가. 글쓴이는 천사들에 찬양에 아멘 하는 심정으로 찬양을 따라 한다.

영존하시는 나의 하나님께
영원한 찬양을
세세 무궁토록 하기를 원하나이다.
아멘!

# 11:15 하늘의 큰 음성들의 찬송

세상 나라가

우리 주와 그의 그리스도의 나라가 되어

그가 세세토록 왕 노릇 하시리로다.

일곱째 천사가 나팔을 불자 하늘의 큰 음성들이 들려온다.

그 하늘 소리들은 누가 한 말이며 어디서 나오는 소리들일까. 하늘의 성전에서 천사가 주 하나님의 경륜이 이루어졌음을 선포하는 것일까.

그렇다. 마침내 이 땅에 세워진 모든 나라들이 하나님의 나라가 된 것이다. 인류가 그렇게 열망하던 그 날이 오고야 만 것이다. 창조주 하나님께서 아담과 하와를 지으실 때 꿈꾸었던 그 나라가 이제야 이 땅에서 이루어진 것이다. 하나님과 그리스도가 영원히 왕 노릇 하는 그 나라 말이다.

# 11:17-18 이십사 장로들의 찬송

감사하옵나니

옛적에도 계셨고 지금도 계신

주 하나님 곧 전능하신 이여

친히 큰 권능을 잡으시고 왕 노릇 하시도다


이방들이 분노하매

주의 진노가 내려 죽은 자를 심판하시며

종 선지자들과 성도들과

또 작은 자든지 큰 자든지

주의 이름을 경외하는 자들에게 상 주시며

또 땅을 망하게 하는 자들을 멸망시키실 때로소이다.

여기서 새로운 사실이 발견된다. 이십사 장로들이 주 하나님을 찬양할 뿐 아니라 하나님의 경륜을 이루실 때가 되었음을 노래하고 있다는 것이다. 그 경륜은 세 가지다. 즉 죽은 자를 심판하시는 것과 주를 경외하는 자들에게 상주시는 것과 땅을 망하게 하는 자들을 멸망시키는 것이다.

보좌에 좌정하고 계신 하늘의 하나님은 이들의 상소를 들으셨는가. 이에 하늘에 있는 하나님의 성전이 열려서 성전 안에 있는 언약궤가 보이며, 번개와 음성들과 우레와 지진과 큰 우박들이 보여졌다. 잠시 정적이 흐른 후 그 어린양과 함께 시온 산에 십사만사천 명의 노래가 들려온다.

# 14:2-3 십사만 사천의 노래

내가

하늘에서 나는 소리를 들으니

많은 물 소리와도 같고

큰 우렛소리와도 같은데

내가 들은 그 소리는

거문고 타는 자들이 그 거문고를 타는 것 같더라


그들이

보좌 앞과, 네 생물과 장로들 앞에서

새 노래를 부르니

땅에서 속량함을 받은

십사만 사천 밖에는

능히 이 노래를 배울 자가 없더라.

사도 요한은 하늘에서 나는 소리를 들었다. 그 소리는 많은 물소리처럼 들리기도 하고 또 큰 우렛소리로 들리기도 하였다. 장엄한 대자연이 빚어내는 소리보다 더 광대한 찬양소리를 들었던 것이다. 장엄한 소리만 들리는 것은 아니었다. 아주 감미롭고 섬세한 소리도 들렸다. 하프 연주자가 하프 현을 뜯을 때 나는 소리처럼 들렸다. 그 소리는 보좌와 네 생물과 장로들 앞에서 십사만 사천 명이 부르는 찬송이었다. 그들은 그 어린양의 피로 인해 속량 받은 자들이었다. 천상에 있는 어떤 존재들도 그 노래를 따라 부를 수가 없었다, 오직 그들만이 그 새 노래를 부를 수 있었던 것이었다.

# 15:3 그 어린양의 노래

주 하나님
곧 전능하신 이시여
하시는 일이 크고 놀라우시도다

만국의 왕이시여
주의 길이 의롭고 참되시도다

주여
누가 주의 이름을 두려워하지 아니하며
영화롭게 하지 아니하오리이까

오직 주만 거룩하시니이다
주의 의로우신 일이 나타났으매
만국이 와서 주께 경배하리이다.

사도 요한은 '짐승과 그의 우상과 그의 이름의 수를 이기고 벗어난 자들'이 부르는 노래를 들었다. 그들은 누구일까. 십사만 사천을 의미하는 것일까. 그러나 구체적으로 누구를 말하는지 잘 알 수 없었다.

사도 요한은 그들이 부른 노래를 '하나님의 종 모세의 노래', '그 어린 양의 노래'라고도 하였다. 이로 인해 그것이 그 노래의 제목이 된 셈이었다. 그들은 '유리 바닷가에 서서 하나님의 거문고'를 가지고 그 노래를 불렀다.

'하나님의 거문고'가 어떤 악기일까. NIV 성경에는 "harps given them by God"으로 번역된 것을 볼 때 그 악기는 하나님이 주신 것으로 지상에는 없고 오직 천상에만 있는 악기로 생각된다.

그들은 주 하나님을 노래한다.

그들은 주 하나님이 '전능하신 이'심을 고백한다. 전능자가 하신 일이 큰일이며 놀라운 일임을 찬탄한다.

그들은 되풀이하여 주 하나님을 노래한다.

그들은 주 하나님이 '만국의 왕'임을 고백한다. 그 왕이 걸어가시는 길, 즉 그 왕이 행하시는 모든 일이 의로운 것이며 참된 것임을 노래한다.

이어서 그들은 주 하나님을 경배한다.

그들은 전능자이자 만국의 왕이신 그 하나님을 경외하지 않을 자 없으며 그 하나님에게 영광을 돌리지 않을 자가 없다는 찬사 중의 찬사를 드린다.

그들은 되풀이하여 경배한다.

그들은 주 하나님의 거룩하심과 의로우심으로 말미암아 만국의 모든 백성들이 다 주께 와서 주를 경배한다는 최상의 찬사를 드린다.

사도 요한은 왜 이 노래를 '여호와 종 모세의 노래'라고 불렀을까.

홍해가 갈라지는 것을, 백성들이 한 사람도 빠짐없이 무사히 다 건너는 것을, 자신들을 추격해 오던 바로의 병사들이 홍해 바다 물속에 묻혀가는 것을 목도한 모세와 이스라엘 자손이 부른 노래를 들어보자(출 15:1-18).

내가
여호와를 찬송하리니
그는 높고 영화로우심이요 말과 그 탄 자를 바다에 던지셨음이로다

여호와는 나의 힘이요 노래시며 나의 구원이시로다
그는 나의 하나님이시니 내가 그를 찬송할 것이요
내 아버지의 하나님이시니 내가 그를 높이리로다

여호와는 용사시니
여호와는 그의 이름이시로다
그가 바로의 병거와 그의 군대를 바다에 던지시니
최고의 지휘관들이 홍해에 잠겼고
깊은 물이 그들을 덮으니 그들이 돌처럼 깊음 속에 가라앉았도다

여호와여,

주의 오른손이 권능으로 영광을 나타내시니이다

여호와여,

주의 오른손이 원수를 부수시니이다


주께서 주의 큰 위엄으로 주를 거스르는 자를 엎으시니이다

주께서 진노를 발하시니 그 진노가 그들을 지푸라기 같이 사르니이다

주의 콧김에 물이 쌓이되 파도가 언덕 같이 일어서고

큰 물이 바다 가운데 엉기니이다


원수가 말하기를 내가 뒤쫓아 따라잡아 탈취물을 나누리라,

내가 그들로 말미암아 내 욕망을 채우리라,

내가 내 칼을 빼리니 내 손이 그들을 멸하리라 하였으나

주께서 바람을 일으키시매 바다가 그들을 덮으니

그들이 거센 물에 납 같이 잠겼나이다


여호와여,

신 중에 주와 같은 자가 누구니이까

주와 같이 거룩함으로 영광스러우며

찬송할 만한 위엄이 있으며

기이한 일을 행하는 자가 누구니이까


주께서 오른손을 드신즉 땅이 그들을 삼켰나이다

주의 인자하심으로 주께서 구속하신 백성을 인도하시되

주의 힘으로 그들을 주의 거룩한 처소에 들어가게 하시나이다

여러 나라가 듣고 떨며 블레셋 주민이 두려움에 잡히며

에돔 두령들이 놀라고 모압 영웅이 떨림에 잡히며 가나안 주민이 다 낙담
하나이다


놀람과 두려움이 그들에게 임하매

주의 팔이 크므로 그들이 돌 같이 침묵하였사오니


여호와여,

주의 백성이 통과하기까지

곧 주께서 사신 백성이 통과하기까지였나이다

주께서 백성을 인도하사 그들을 주의 기업의 산에 심으시리이다


여호와여,

이는 주의 처소를 삼으시려고 예비하신 것이라

주여, 이것이 주의 손으로 세우신 성소로소이다


여호와께서 영원무궁 하도록 다스리시도다.


홍해 바닷가에서 모세와 이스라엘 자손들이 부른 노래의 주제는 두
가지이다. 하나는 주 하나님의 구원하심이다. 다른 하나는 주 하나님의
인도하심이다.

유리 바닷가에서 '짐승과 그의 우상과 그의 이름의 수를 이기고 벗어난 자들'이 부른 노래의 주제는 두 가지이다. 주 하나님의 전능하심과 주 하나님의 의로우심이다.

즉, 모세의 노래에서 주요 단어가 구원과 인도하심이다. 그 어린양의 노래에서는 전능하심과 의로우심이다. 여기서 구원과 전능하심이, 인도하심과 의로우심이 서로 대응되어 굳건히 서 있음을 발견한다.

이러한 발견을 통해 전능하신 자만이 구원하실 수 있다는 것과 의로우신 자만이 참된 길로 인도하신다는 것을 깨닫는다. 여기서 출애굽기가 들려준 모세의 노래와 요한계시록이 들려준 어린양의 노래가 완벽하게 연결됨을 느낀다. 살아있는 메시지를 들려준다. 모세가 시작한 그 노래는 그 어린양의 노래로 끝이 난다.

# 19:1 하늘에 허다한 무리의 큰 음성

할렐루야!

구원과 영광과 능력이 우리 하나님께 있도다
그의 심판은 참되고 의로운지라
음행으로 땅을 더럽게 한 큰 음녀를 심판하사
자기 종들의 피를 그 음녀의 손에 갚으셨도다.

할렐루야!

그렇다.

지금은 할렐루야를 외칠 때이다.

그렇게 기다리고 또 기다렸던 바로 그 날이 왔기 때문이다.

원수에게 손수 보복을 할 능력이 없어서 참은 것도 아니다. 하나님을 대적하고 하나님을 능멸하려는 자들의 그 간악한 계교와 술수와 그 참람한 행위를 보고 어찌 피가 들끓지 않는 성도가 있었겠는가.

주께서 우리에게 용서할 것과 원수 갚은 일이 사람에게 있지 않고 하나님께 있다는 것을 가르쳐 주셨기에 그렇게 하지 않았는가.

성도들을 참고 또 참았다. 오직 기도만 드렸다. 공의로우신 하나님께서 성도들의 원한을 풀어 주시기를. 이 세상에서 하나님의 공의가 바닷물처럼 편만하기를.

하나님께서 어찌 사랑하는 자들의 기도를 외면하실 수 있을까. 하나님의 그 인내의 시간도 이제 끝났다. 회개하고 하나님께 돌아오기를 기다렸던 하나님의 사랑을 그들은 하나님의 무능력으로 오인하였던 것이다.

하나님이 하지 않고 미루신 일들을 더 이상 미루지 않으셨다. 먼저 부와 권력으로 힘없고 가난한 자들을 멸시하고 압살한 악한 세상을 심판하셨다. 그리고 그 악한 세상의 배후에서 사람들을 가지고 놀았던 그 원수들을 또한 심판하셨다.

하늘의 허다한 무리들은 하나님의 그 심판이 진실된 것이며 정의로운 것임을 외쳤다. 이 외친 그 말들이 바로 증언이 되었다. 그리고 그 증언은 이내 천상에 있는 존재들에 의하여 공히 확증되었다. 이십사 장로와 네 생물이 엎드려 보좌에 앉으신 하나님께 한목소리로 아멘 하였던 것이다.

허다한 무리가 지상에 존재하는 피조물을 대변한다고 하면 이십사 장로와 네 생물은 천상의 피조물을 대변한다고 할 수 있을 것이다. 이러한 가정이 올바른 것이라면 모든 피조물들이 하나님이 하신 그 심판이 진정 진실된 것이며 공의로운 것임을 하나님 앞에서 증언한 것이다.

거룩하시고 전능하시고 장차 올 하나님 앞에 거짓을 증언할 피조물이 어디 있을 수 있겠는가. 그동안 교회들이 외쳤던 그 무수한 "아멘, 할렐루야"가 바로 이때를 위한 말이 아니었던가.

아멘!
할렐루야!

# 19:5 보좌에서의 음성

하나님의 종들 곧 그를 경외하는 너희들아
작은 자나 큰 자나 다
우리 하나님께 찬송하라.

모든 피조물의 간증을 들으신 하나님은 만족하셨는가. 기뻐하셨는가. 글쓴이는 분명 만족하셨고 흡족해하셨고 기뻐하셨다고 믿는다. 그 근거는 보좌에서 나온 음성이 들려준 말씀이다.

하나님은 증언한 그들을 하나님의 종이라고 부르셨다. 피조물의 가장 영예로운 이름이 무엇이든가. 하나님의 종이 아니었던가. 그들이 명예로운 이름을 받았다는 것 자체가 하나님을 기쁘시게 하였다는 반증이라고 생각한다.

또한 글쓴이는 그들이 하나님께로부터 하나님의 종이란 이름을 하사받은 것은 그들이 하나님을 경외하였기 때문이었음도 깨닫게 되었다. 하나님을 경외하는 것, 그것은 이 세상에서 가장 지혜로웠던 솔로몬 왕이 깨달았던 그 깨달음 중의 깨달음 아니었던가(잠1:7). 우리는 그것이 솔로몬 왕의 지혜라고 생각했었는데 그 생각은 틀렸음이 입증된다.

그것은 솔로몬 왕의 지혜가 아니라 하나님의 지혜였던 것이다. 솔로몬 왕의 위대했던 점은 하나님의 지혜를 자신이 깨달아 가지게 되었던 것이 아닐까. 하나님께서 그 지혜를 솔로몬에게 주실 만큼 그가 하나님 앞에 온전하게 서 있었기 때문이리라.

보좌에서 나온 음성은 계속하여 하나님의 마음을 알려 준다. 하나님의 뜻이 땅에서도 이루어진 지금, 모든 것이 다 이루어진 지금, 하나님의 종들이 하나님을 위해, 하나님을 기쁘시게 하기 위해 할 일이 하나 있다는 것이다. 유일한 것이 남아 있다는 것이다.

그것이 무엇일까.
그것은 '하나님께 찬송하라'는 것이다.

'하나님께 찬송하라'는 것은 무엇일까. 무엇을, 어떤 내용으로 하나님을 찬송하라는 것일까. 이 물음에 대한 답은 이내 이어지는 말씀 속에서 찾을 수 있지 않을까.

# 19:6-8 허다한 무리의 음성

할렐루야 !

주 우리 하나님 곧 전능하신 이가 통치하시도다

우리가 즐거워하고

크게 기뻐하며 그에게 영광을 돌리세

어린 양의 혼인 기약이 이르렀고

그의 아내가 자신을 준비하였으므로

그에게 빛나고 깨끗한 세마포 옷을 입도록 허락하셨으니

이 세마포 옷은 성도들의 옳은 행실이로다.


'하나님께 찬송하라는 것'은 곧 오직 하나님 한 분만을 찬양하라는 것이라고 생각된다.

그 하나님은 누구신가.


그 하나님은 우리 주님이시다.

그 하나님은 우리 하나님이시다.

그 하나님은 전능하신 하나님이시다.

'하나님께 찬송하라는 것'은 곧 하나님께서 우리를 통치하신다는 것을 찬송하라는 것이 아닐까.

우리가 하나님의 통치를 즐거워하는 것을 찬송하라는 것이다.
우리가 하나님의 통치를 크게 기뻐하는 것을 찬송하라는 것이다.
우리가 하나님에게 영광을 돌리는 찬송을 하라는 것이다.
우리가 그 어린양의 혼인잔치에 참예할 예복을 입도록 허락받은 것을 찬송하라는 것이다.
우리가 옳은 행실로 그 예복을 입을 수 있는 은혜를 받은 것을 찬송하라는 것이다.

기가 막히는 하늘 찬양대의 찬송이 끝났다,
이어서 현악기, 금관악기, 타악기 등 모든 악기들이 다 동원되어 하늘에서 내려오는 아름다운 성, 그 거룩한 성을 연주해낸다.

# 22:20 요한의 기도시(祈禱詩)

내가
진실로 속히 오리라,

아멘
주 예수여
오시옵소서.


누구의 음성인가.
그 어린양의 말씀 아닌가.

이에 사도 요한은 그 약속의 말씀에 믿음으로 고백한다.
그렇습니다.
종이 사랑하는 주님, 예수님
어서 오십시오.
원하옵기는 하루도 지체 말고 속히 오시옵소서!

그 어린양의 약속의 말씀에 대한 사도 요한의 믿음의 고백과 소원이 어찌 그의 것만이겠는가.

북한지하교회와 정치범수용소에 있는 성도의 간절한 기도 아닌가.

지금 이 순간에도 지구촌 곳곳에서 핍박당하고 있는 성도의 시급한 기도 제목 아닌가.

오늘날 이 땅에 살고 있는 모든 성도가 하늘 보좌로 향하여 올려 드리는 긴급한 기도이어야 할 것이다.

아니다
이 땅을 향한
하나님의
아픈
마음이다.

# 닫는 글

---

이제 몇 개월이 지나면 2019년 새해를 맞이하게 된다. 새날에는 사람들은 그 누구도 걸어가 본 적이 없는 새로운 길을 걸어가게 된다. 사람들은 제각기 자기가 꿈꾸고 계획한 일을 시작하고 자신이 설정한 목표를 향해 자신의 길을 걸어갈 것이다. 지금까지 그렇게 해 왔듯이 새해 새날에도 그렇게 할 것이다.

그리스도인들도 그렇게 살아갈 것인가?

사실 그리스도인이라는 단어는 요한계시록에는 사용되지 않는다. 오직 성도(saints)라는 단어로 사용된다. 따라서 요한계시록의 관점으로 이 질문을 다시 한다면 성도도 그렇게 살아갈 것인가, 가 된다.

사실 우리들은 성도라는 단어가 왠지 어색하게 느껴진다. 그리스도인, 교인, 신자라는 단어보다 잘 사용되지 않아서 그럴까. 스스로 자신을 낮추는 겸손과 겸양의 마음 때문에 그럴까. 혹 우리 내면에 성도라는 단어에 걸맞는 삶을 살지 못하고 있는 자신에 대한 부끄러움이 숨어 있어서 그러한 것은 아닐까.

요한계시록은 하나님이 거룩하신 분이심을, 즉 성(聖)스러우신 분이심을 계시하고 있다. 그러하기에 그 거룩하신 하나님의 자녀로서 이 땅에 살아가고 있는 자들을 성도(聖徒)라고 지칭하는 것은 너무나 자연스러운 것이지 않는가.

우리가 성도라는 칭호가 부담스럽다면 그 칭호에 걸맞은 삶을 살도록 노력하면 될 것이다.

아니 그보다는 왜 우리가 '성도(saints)'라고 불릴 수밖에 없는 이유를 찾아내는 것이 올바른 순서일 것이다.

우리가 '성도(saints)'일 수밖에 없는 이유는 그 어린양이신 우리 주님께서 자신의 피로 값을 치르고 우리들을 사서 하나님께 드리셨기 때문이다(계5:9). 적어도 요한계시록의 관점에서는 그러하다.

이 놀라운 은혜는 여기서 끝나지 않는다. 우리들을 '하나님의 나라'와 '제사장'으로 세우셨다(계5:10). 그러므로 이 믿음이 있는 성도들은 누구나 다 제사장들이다.

이 땅에서 '하나님의 나라'로 세워졌고 '제사장'의 사명을 받은 성도는 어떻게 살아가야 할까. 아니 그 사명을 생각하기 이전에 토로하지 않을 수 없는 무거운 마음의 짐이 있다. 교회가 세상 사람들로부터 조롱과 지탄을 받고 있는 것을 보면 가슴이 아프다. 말할 수 없는 핍박을 받고 있는 북한지하교회 성도를 생각하면 가슴이 찢어진다.

어떻게 하면 남한 교회가 세상의 빛으로 회복될 수 있을까. 어떻게 하면 교회가 북한지하교회 성도에게 실제적인 도움을 줄 수 있을까.

글쓴이는 라오디게아교회가 받은 말씀이 곧 오늘날의 남한 교회에게 꼭 필요한 말씀임을 믿는다. 세상에 뜨거운 관심을 보였던 자리에서 박차고 일어나 세상에 대해서는 차갑고 하나님을 사랑하되 이전보다 더욱 뜨겁게 사랑하는 자리로 나아가야 한다는 메시지가 그 해답임을 믿는다.

글쓴이는 말할 수 없는 핍박을 받고 있는 북한지하교회에 주시는 위로와 소망의 메시지가 라오디게아 교회에게 주신 말씀 속에 들어 있다고 믿는다. 문밖에서 두드리시는 주님을 영접하는 자는 누구나 주님이 베풀어 주시는 만찬을 실제적으로 즐길 수 있다고 믿는다. 북한지하교회 성도와 정치범수용소에 갇힌 성도가 바로 그 주인공들임을 믿는다. 그러하기에 그 말씀이 북한지하교회에게 주어진 현실적인 복음, 실제적인 복음이라고 믿는다.

글쓴이는 이 요한계시록 복음이 오늘날 개개의 그리스도인에게 주어진 것인 동시에 믿는 모든 이들에게 주어진 것임을 믿는다. 또한 주님의 몸된 교회에 주신 것으로 믿는다. 당연히 조국 교회(남한교회와 북한지하교회)에 이 복음이 주어진 것을 믿는다. 또한 조국 교회가 무릎 꿇고 눈물과 통곡으로 올린 간절한 기도는 향연과 함께 하늘 보좌로 올라감을 믿는다.

보좌에 앉으신 전능하신 하나님이 그 기도를 들어주실 것을 믿는다.

그런데,
왜 여태까지 북한 정치범 수용소에 갇힌 성도가 구출되지 않았을까.
북한지하교회의 성도에 대한 핍박과 순교가 끊이지 않을까.
아니 왜 북한의 악한 정권은 아직도 붕괴하지 않는 것일까
왜 복음에 의한 통일이 이렇게 지체될까.

이는 기도를 올려드렸던 조국 교회 중에서 아니 남한 교회 중 빠진 교회가 있어서 그럴지도 모른다. 하나님은 '모든 성도의 기도'(계8:3)를 들으시는 분이시기에 그러하다. 만약 단 한 교회가 빠져서 그렇게 되었다면 이는 얼마나 억울하고 통탄할 일인가.

진정 일이 그렇게 되었다면 도대체 그 한 교회는 어느 교회인가.
바로 내가 속한 교회는 아닌가?

| 후기(後記) |

책을 발간하면서 마음에 부담감이 있다. 하나님 앞에서 거짓 없는 마음으로 성령님의 인도하심을 구하면서 쓴 글이지만 성경을 전문적으로 연구하지 않은 사람이 성경 중에서도 가장 난해한 요한계시록에 대하여 쓴 글이기 때문이다.

또한 부끄럼이 있다. 글 중에 진정 글쓴이의 것이라고 할 수 있는 것이 얼마나 있는가 하는 것을 생각하면 그러하다. 글쓴이는 자신의 것이라고 생각하지만 그것이 정말 자신의 것일까. 글쓴이가 읽었던 글들을 통해서 섭취한 사상과 생각들이 이제는 머릿속에 자리 잡아 아무런 주저함 없이 불쑥 글쓴이의 글로 다시 나온 것들은 없을까. 독서에 의한 간접경험들이 자신에 의하여 내면화되었다고 해도 그 독창성은 글쓴이의 것이 될 수 없을 것이다.

두려움도 있다.

글쓴이가 깨달았다고 한 것들이 정말 깨달아 아는 것일까. 글쓴이가 이해했다고 한 것들이 제대로 이해한 것일까. 혹 오류가 있다면 얼마나 많을까. 그리고 그것이 치명적이지는 않을까.

이러한 마음들로 인해 나 자신을 다시 보게 된다. 결국 자신이 하나님 앞에서 티끌이요 먼지에 불과한 존재임을 고백하지 않을 수 없다.

이 모든 일이 오직 하나님께만 영광이 되길 기도한다.

김덕규 글 맺다

천천히 · 묵상하며 · 기도하고 · 통곡하며 읽는

# 요한계시록 *Revelation*

| | |
|---|---|
| 초판 1쇄 | 2018년 05월 31일 |

| | |
|---|---|
| 지은이 | 김덕규 |
| 발행인 | 박남훈 |
| 제작대행 | 도서출판 지식공감 |

| | |
|---|---|
| 발행처 | 도서출판 세컨리폼 |
| 등록번호 | 607-19-79504 |
| 주소 | 부산시 수영구 망미로 30번길 23 7동 404호(망미동 삼성아파트) |
| 전화 | 051-753-1583 |
| 팩스 | 051-558-6770 |
| 홈페이지 | www.jooan.co.kr |

| | |
|---|---|
| 가격 | 12,000원 |
| ISBN | 979-11-952540-3-3 03230 |

| | |
|---|---|
| CIP제어번호 | CIP2018013697 |
| | 이 도서의 국립중앙도서관 출판예정도서목록(CIP)은 서지정보유통지원시스템 홈페이지(http://seoji.nl.go.kr)와 국가자료공동목록시스템(http://www.nl.go.kr/kolisnet)에서 이용하실 수 있습니다. |